学前教育专业系列教材

学前儿童健康教育

邵　兰◎主编
于薇婷◎副主编

北京大学出版社
PEKING UNIVERSITY PRESS
黑龙江大学出版社
HEILONGJIANG UNIVERSITY PRESS

图书在版编目（CIP）数据

学前儿童健康教育 / 邵兰主编. -- 哈尔滨 : 黑龙江大学出版社 ; 北京 : 北京大学出版社, 2020.3
ISBN 978-7-5686-0470-3

Ⅰ. ①学… Ⅱ. ①邵… Ⅲ. ①学前儿童—健康教育 Ⅳ. ①G613.3

中国版本图书馆CIP数据核字（2020）第010824号

学前儿童健康教育
XUEQIAN ERTONG JIANKANG JIAOYU
邵　兰　主编　于薇婷　副主编

责任编辑　宋丽丽　张　帝　高楠楠
出版发行　北京大学出版社　黑龙江大学出版社
地　　址　北京市海淀区成府路205号　哈尔滨市南岗区学府三道街36号
印　　刷　哈尔滨市石桥印务有限公司
开　　本　720毫米×1000毫米　1/16
印　　张　14
字　　数　229千
版　　次　2020年3月第1版
印　　次　2020年3月第1次印刷
书　　号　ISBN 978-7-5686-0470-3
定　　价　37.00元

总　　序

学前教育是终身学习的开端，是国民教育体系的重要组成部分，是重要的社会公益事业。学前教育对幼儿的身心健康、习惯养成、智力发展等具有重要意义。办好学前教育，关系亿万儿童的健康成长，关系千家万户的切身利益，关系国家和民族的未来。改革开放以来，特别是21世纪以来，我国学前教育取得了长足发展，普及程度逐步提高。随着社会经济的发展，人们对学前教育提出了更高的要求。

2018年11月，中共中央、国务院出台了《关于学前教育深化改革规范发展的若干意见》，该意见明确指出："目前学前教育仍是整个教育体系的短板。"学前教育的短板突出表现在教育资源不足、政策保障体系不完善、教师队伍建设滞后、监管体制机制不健全、保教质量有待提高等方面。其中，教师队伍建设滞后成为制约我国学前教育事业发展的一个重要因素。针对师资问题，该意见提出："到2020年，基本形成以本专科为主体的幼儿园教师培养体系，本专科学前教育专业毕业生规模达到20万人以上；建立幼儿园教师专业成长机制，健全培训课程标准，分层分类培训150万名左右幼儿园园长、教师。"为了实现这个目标，加大学前教育人才培养力度、提高学前教育专业教学质量是我们面临的重要任务。

为了全面贯彻党和国家的教育方针，我们组织江苏、安徽、黑龙江、吉林、广东等省的本科院校学前教育专业的专家和学者共同编写了这套"学前教育专业系列教材"。本套教材主要面向普通本科院校、成人高校的在校学生，同时也适用于各级各类幼儿园园长和教师的培训。本套教材立足于培养实用型、技能型的幼教教师，坚持理论联系实际、讲学练结合、突出岗位技能训练的原则，力求贯彻能力本位原则、学生主体原则、与时俱进原则。在内容和体例上，本套教材力求做到科学、实用、新颖，密切结合学生的认知规律和学习特点来选择教学内容。理论知识的构建以阐述基本问题为主，理论知识通俗易懂、便于理解。专业技能的训练则与幼教机构的实际需要相联系。本套教材力求做到目的明确、重点突出、指导具体，具有较强的实用性和可操作性。

本套教材的编写得到了教育部幼儿园园长培训中心领导和专家的指导，一些幼儿园园长和资深教师对本套教材的编写也提出了很多宝贵意见。对于他们的帮助，我们表示衷心的感谢。本套教材由于编写仓促，还存在一些问题和不足，我们将在今后的使用过程中不断修订、不断完善，使这套教材更好地为广大师生服务。

编者

目　　录

第一章 学前儿童健康和健康教育概述

学习目标

1. 了解学前儿童健康教育的含义、目标及意义。
2. 理解健康及健康教育的内涵。
3. 掌握学前儿童健康教育的基本方法。

第一节　学前儿童健康概述

一、健康的含义

健康是一个极具时代特征的综合概念。随着历史的发展和社会的进步,人们对健康的认识和追求不断发生变化。在早期的人类社会,由于生产力水平和认知水平低下,人们对生命现象和疾病也知之甚少,健康被认为是神灵赐予人类的礼物,使人类得以生存和延续生命。后来,人们开始逐渐重视引起疾病的生物学因素,认为疾病就是身体的“零件”发生了故障,在身体器官或细胞上可以找到这种故障和变化。20 世纪后半叶,人们发现由理化、生物刺激所导致的疾病的死亡率已退居次要地位,而与心理、社会因素密切相关的高血压、冠心病、癌症、溃疡和精神疾病等身心疾患的发病率和死亡率明显提高。由此,人们渐渐认识到了生物、心理与社会三方面因素对健康和疾病的重要影响,认识到机体由健康到疾病是一个连续的动态过程。

健康是人类面临的重要课题，它对人类的生存与发展、社会文化的更新及生活方式的变革都起着重要作用。完整的健康概念指：没有身体缺陷与疾患，生理机能和心理状态都正常，并且具有良好的社会适应能力。也就是说，健康的含义包含着三个层面的内容，分别是生理健康、心理健康及社会适应良好。展开来说，即：

生理健康，指人体在形态、结构、机能、体能和环境适应上的良好状态；

心理健康，指人在情绪、意志、平衡人际和社会关系等方面处于良好状态；

社会适应良好，指人的心理活动、各种行为都能适应社会、环境的变化与发展，为他人所理解，为大家所接受，行为与社会身份相符。

只有当这三方面完满结合时，一个人才能真正称得上健康。

巴西著名医学家马丁斯研究发现，屡犯贪污受贿的人易患癌症、脑出血、心脏病和精神过敏症等疾病，而正直、心态淡泊、心胸坦荡的人则往往会心理平衡，身心健康。这是因为，有违于社会道德准则，经常胡作非为的人，长期处于心情紧张、恐惧等不良心态之中，健康受到损害。试想，一个食不香、寝不安，惶惶不可终日者，何以谈健康！据相关研究测定，这类人很容易出现神经中枢、内分泌系统功能失调等病症，其免疫系统的防御能力也相对较弱，最终难免在恶劣心态的重压和各种身心疾病的折磨下，或者早衰，或者早亡。由此可见，健康是人与环境之间、心与身之间整体关系和谐的结果。

二、健康的标准

世界卫生组织（WHO）根据其提出的“健康不仅为疾病或羸弱之消除，而系体格、精神与社会之完全健康状态”的定义，提出了衡量健康的十条标准，具体如下：

第一，精力充沛，能从容不迫地担负日常生活和繁重的工作，而不感到过分紧张和疲劳；

第二，处事乐观，态度积极，乐于承担责任；

第三，善于休息，睡眠良好；

第四，应变能力强，环境适应能力强；

第五，能抵抗一般性疾病；

第六，体重适当，身体匀称；

第七，眼睛明亮，反应敏锐；

第八，牙齿清洁，无龋齿，无疼痛，牙龈颜色正常，无出血现象；

第九，头发有光泽，无头屑；

第十，肌肉丰富，皮肤富有弹性。

关于心理健康的诠释又是另一个十分复杂的问题，它既受个体生理健康的影响，也受个体所处环境变化的影响，特别表现在知、情、意、行诸方面的统一和健全，具体标准如下：

第一，具有优良的道德品质。

第二，具有健康的人格。

第三，具有良好的人际关系。

第四，具有稳定的情绪。

第五，具有积极进取的人生追求。

第六，具有坚韧的意志品质。

第七，具有正常的认识力。

第八，具有适应环境的应变能力。

三、学前儿童健康的含义

学前儿童健康是指学前儿童身体各个器官、各个组织发育正常，没有身体缺陷（如近视、扁平足、龋齿、姿势性脊柱弯曲异常、沙眼等），能较好地抵抗各种疾病；性格开朗，情绪乐观；对环境有较强的适应能力。也就是说，学前儿童健康主要包括身体健康、心理健康与良好的适应性三个方面。

身体健康是指学前儿童各个器官与系统发育正常，具有一定的抵御疾病的能力。身体健康是学前儿童健康的基础。

心理健康是指学前儿童人格发展正常，具有强烈的求知欲，情绪稳定，无任何心理障碍。良好的心理状态是保证身体健康的必要条件。

良好的适应性是指学前儿童自我意识发展正常，乐于交往，具有初步的规则意识和互助、合作、分享的品质，对环境具有较好的适应能力。

教育部颁布的《幼儿园教育指导纲要（试行）》（教基〔2001〕20 号，以下简称《纲要》）中指出："幼儿园必须把保护幼儿的生命和促进幼儿的健康放在工作的首位。树立正确的健康观念，在重视幼儿身体健康的同时，要高度重视幼儿的心理健康。”所以，在促进学前儿童健康发展的过程中，既要重视其身体健康，又要重视其心理健康及适应能力的培养。一个人只有身体、心理和社会适应力等方面都健全，才是健康的人。因此，学前儿童在幼儿园期间，幼儿园必须加强对学前儿童的健康服务和保育，对其进行精心的照顾和养育，培养学前儿童的独立生活能力和自我保护能力，预防其身心疾病的发生，同时关注学前儿童的情绪和需要，促进其身心的和谐健康发展。

四、学前儿童健康的标志

（一）身体健康

1. 生长发育良好，体形正常

身高、体重、头围、胸围等指标的数值均在该年龄组儿童发展的正常值范围内；身材比例符合该年龄组儿童发展的一般规律；身体各器官、系统的生理功能正常（如脉搏、血压、握力、肺活量等在该年龄组儿童发育的正常值范围内），并处于不断完善的过程之中；身体无疾病和缺陷（如贫血、佝偻病、龋齿、斜视、弱视、脊柱弯曲异常、扁平足等）；食欲良好，睡眠好，精力较充沛；等等。

2. 机体对内、外环境有一定的适应能力

具有一定的抵抗疾病的能力，较少得病；对环境及其变化（如寒冷、炎热，以及冷热的交替）具有一定的适应能力；能适应多种体位的变化（如摆动、旋转、攀高）；等等。

3. 体能发展良好

身体的基本动作适时地产生，如抬头、翻身、坐、爬、站立、走、跑等；各种基本动作能力不断提高；肌肉较有力，身体动作较平稳、准确、灵敏和协调；手眼协调能力发展良好；等等。

(二)心理健康

1. 动作发展正常

动作发展与脑的形态及功能的发育密切相关。学前儿童躯体大动作和手指精细动作的发育水平处于正常范围之内,是心理健康的基本条件。

2. 认知发展正常

正常的认知水平是学前儿童生活与学习的重要前提条件。学前期是儿童认知发展极为迅速的时期,所以应避免因各种原因造成的脑损伤或不适宜的环境刺激,防止学前儿童不健康心理的产生。

3. 情绪稳定,情绪反应适度

情绪是一个人对客观事物的内心体验。它既是一种心理过程,又是心理活动赖以进行的背景。积极的情绪状态反映了中枢神经系统功能的协调性,亦表明个体的身心处于良好的平衡状态。学前儿童的情绪具有很大的冲动性和易变性,但随着年龄的增长,其情绪的自我调节能力会有所提高,稳定性逐渐增强,他们开始学习合理地发泄消极情绪。如果某个学前儿童经常处于消极的情绪状态之中,如整天闷闷不乐或经常情绪失控、暴跳如雷,那么该学前儿童的心理就是不健康的。

4. 乐于与人交往,人际关系和谐

人际关系是指人在社会交往过程中所形成的建立在个人情感基础上的相互关系。学前儿童的人际交往是维持其心理健康的重要条件,同时,也能反映出儿童的心理健康状态。同伴关系对学前儿童的心理发展具有重要价值。良好的同伴关系是学前儿童心理健康发展的重要精神环境,有利于他们形成自信、自尊、活泼开朗的性格。心理健康的学前儿童乐于与人交往,也希望通过交往获得别人的理解、信任和尊重;能与同伴合作,在游戏中能够谦让待人,乐于帮助他人。心理不健康的学前儿童则往往会人际关系失调,表现为远离同伴或成为群体中不受欢迎的人,并容易产生较严重的自卑、孤僻等心理问题。

5. 性格特征良好

性格是个性中最核心、最本质的表现，它反映在个体对客观现实的稳定态度和习惯化的行为方式中。心理健康的学前儿童，一般具有热情、勇敢、自信、主动、乐于合作等性格特征，而心理不健康的学前儿童常常具有冷漠、胆怯、自卑、被动、孤僻等性格特征。

6. 没有心理卫生问题

学前期不仅是儿童长身体、长知识的重要时期，也是其心理发展和个性形成的关键时期。家庭与幼儿园的教养方式与教育方法若有不当，就可能会导致儿童出现各种心理问题。学前儿童的心理卫生问题往往会通过特定的行为表现出来，如吮吸手指、遗尿、口吃、多动等。心理健康的学前儿童应没有心理卫生问题。

在日常生活中，一个心理健康的儿童应该表现出：有充沛的精力；开朗、乐观；态度积极主动；能与小朋友和睦相处，在集体中受到欢迎和信任；能较好地适应环境的变化；没有不良行为、不良习惯；注意力能集中；睡眠良好。

（三）良好的社会适应能力

良好的社会适应能力是学前儿童获得发展的必要条件，也是儿童智力发展的基础。在社会生活中，每一个人都有人际交往、合作和获得友情、尊重的需要。这些需要的满足，依赖于人们对社会的适应；同时，它们又能促进个体社会适应能力的发展。例如，学前儿童需要一定时间的睡眠和休息，需要合理的营养，需要适当的运动；需要一定的安全感，需要依赖成人并受到保护；需要爱，需要自尊，需要被同伴接受；需要独立，需要自己动手去解决生活中的一些问题；等等。对学前儿童而言，良好的社会适应能力主要表现在如下三个方面：

第一，能较快地融入集体生活；

第二，乐于与人交往合作，有良好的人际关系；

第三，能主动积极地应对各种压力，以保持自身与环境之间及自身内在的平衡。

五、影响学前儿童健康的因素

学前儿童的身体、心理和社会适应的健全状态有赖于其所处的良好的自然环境及社会环境,也有赖于其自身状况,还与其作用于环境的方式以及环境对其的反作用有关。因此可以说,学前儿童的健康是诸多相互交叉、渗透、影响和制约的因素交互作用的结果。影响学前儿童健康的主要因素有环境因素、生物学因素、生活方式、卫生保健设施四个方面。

(一)环境因素

1. 自然环境因素

自然环境是指直接或间接影响到人类生产、生活的一切自然形成的物质、能量的总和。它包括自然环境中的空气、阳光、水源及食物等,为人类提供了基本的生存条件。良好的自然环境能为学前儿童提供各类物质条件,维持和促进其正常的生命活动和健康的发展;同时,也会为他们提供各种精神条件,使他们清醒愉悦、积极向上。如充足的阳光、新鲜的空气、清洁的水源、富有营养的食物等都是保证和促进学前儿童健康的重要条件。

然而,由于人类的活动,各种危害人类健康的化学、物理、生物因素也随之产生。它们破坏了大自然的平衡,造成各种环境污染,也成为危害学前儿童健康的因素。如不适当的温度、湿度、照明、空间和噪声等刺激的长期作用,会影响学前儿童的生长发育,并影响其情绪和行为。调查表明,长期高强度的噪声刺激会使儿童大脑皮层兴奋与抑制过程失调、条件反射异常、脑血管功能受损、植物神经功能紊乱,产生头痛、耳鸣、心悸、失眠、嗜睡、乏力等症状;在建筑空间狭小的环境中生活的学前儿童会表现出更多的侵犯性行为和更高的焦虑水平;营养过剩或不足都可能会引发相应的病症;通过饮食、呼吸等途径可感染致病性细菌、病毒,从而引发相应的疾病。

2. 社会环境因素

学前儿童与其他人群一样,作为社会的成员生活在具有复杂关系的社会体系之中。这个体系中的各种因素,包括政治制度、社会经济关系、文化信仰、风俗习惯、人际关系等都会直接或间接地影响到学前儿童的健康。在学前期，对儿童影响较大的社会环境因素主要是家庭、托幼机构和社区。

(1)家庭。家庭是学前儿童生活和初级社会化的场所。家庭经济和营养状况、家庭氛围、家庭的教养方式、家长的身心素质和生活方式等都与学前儿童的生长发育和身心健康状况密切相关。良好的家庭氛围能够使学前儿童活泼、开朗、诚实、合群、求知欲旺盛；相反，如果学前儿童和家庭成员的关系不好，家庭氛围冷漠，就会使学前儿童产生一种不安全感，使其长期处于不愉快的负面情绪之中，并随之形成胆怯、孤独、自私、嫉妒等心理。一般说来，文化素质高、身心素质好的父母，他们能用自己的健康知识、态度和行为去影响和教育子女，培养他们乐观上进的品格，帮助他们养成有益于健康的行为习惯。俗话说，“父母是子女的样子，子女是父母的镜子”。父母是子女的第一任教师，父母的一言一行对学前儿童的生活方式、个性塑造、人格形成、智力发展、价值观念的取向等都有着潜移默化的影响。因此，家长在提高自身健康水平的同时，也要注意在家庭中培养学前儿童的健康行为习惯，并与幼儿园的健康教育保持同步，配合幼儿园开展相应内容的教育。这些都将对学前儿童健康教育的实施起到良好的推动作用。

(2)托幼机构。托幼机构是学前儿童生活的又一个重要的社会环境，也是影响其身心健康的重要社会环境因素之一。托幼机构是对学前儿童实施保育和教育的机构，也是儿童次级社会化的场所，承担着为学前儿童提供保健服务的任务。托幼机构保健设施的完善程度和服务质量等直接影响着学前儿童的健康状况。托幼机构对学前儿童提供的保健服务不仅应体现在供给合理平衡的膳食、基本的环境卫生设施，对学前儿童进行健康检查、身心疾病防治、预防接种和生活照顾等方面，更应体现在对学前儿童实施健康教育上。正如《纲要》中所要求的：“幼儿园应为幼儿提供健康、丰富的生活和活动环境，满足他们多方面发展的需要，使他们在快乐的童年生活中获得有益于身心发展的经验。”为此，托幼机构应当重视为学前儿童创设健康的物质生活环境，如园内设置警示标志、大型活动器械定期检修并有保护设施、就餐时播放轻音乐等，让物体与空间更有益于学前儿童的健康。《纲要》同时指出：“教师的态度和管理方式应有助于形成安全、温馨的心理环境；言行举止应成为幼儿学习的良好榜样”，教师应“以关怀、接纳、尊重的态度与幼儿交往”。为此，托幼机构还应当积极构建健康的心理生活环境，重点创设和谐的班级氛围、平等的师幼关系和互帮互助的家园关系,使学前儿童情绪安定、心情愉快。

(3)社区。社区是由生活在一定地域范围内的人们所形成的一种社会生活共同体,它既是人们聚集、生活的一定地域,也是社会成员参与社会活动的基本场所。社区是具体的地方社会,是大社会的缩影。学前儿童生活在这里,周围的一些人口、地理、环境、经济、文化、组织等资源,都将对其身心健康产生影响。学前儿童的身心保健是个人的权益,也是全社会的责任。利用社区环境对学前儿童进行健康教育是教育的需要,也是社会发展的需要。例如,社区中的健康教育机构、医疗卫生机构、宣传和新闻部门、文化和娱乐部门、各类社会团体等都是我们在对学前儿童进行健康教育时可利用的社会环境资源。为保证健康教育取得良好的效果,我们一定要充分调动各种社会力量,让它们发挥各自的优势,参与到托幼机构的健康教育活动当中,共同努力为学前儿童一生的健康打下良好的基础。

(二)生物学因素

影响学前儿童健康的生物学因素主要包括遗传、病原微生物及个体自身的差异等。在这些因素中,遗传是非常重要的一方面。譬如,儿童的体形主要由遗传决定。有资料表明,如果父母均消瘦无力,则子女身体肥胖的概率仅为7%;如果父母均为肥胖者,其子女肥胖的概率约为普通孩子的10倍。遗传基因不仅影响儿童的身体形态,还影响着儿童生理功能的发挥,并决定了儿童遗传性疾病的易患性。例如,有关双生子研究表明,单卵双生子的精神分裂症发病一致率为70.6%,而异卵双生子为17.1%。此外,现代医学研究表明,目前已知的因遗传因素直接引起的人类遗传缺陷或疾病有3000多种,如高血压、糖尿病等,占人类各种疾病的五分之一以上。而由于学前儿童抵抗力不足,其更容易受到诸如霍乱、伤寒、脊髓灰质炎等由病原微生物所引起的疾病的影响。除此之外,机体自身的年龄、性别等生物学特征也对人的健康维护有着重要的影响。不同环境下,不同个体的健康状态存在明显的差异。

(三)生活方式

生活方式是一个复杂的综合概念,它根植于个体的价值观、态度和信念。换言之,生活方式是一定历史时期和社会条件下,各民族、阶级和社会群体的生活模式,包括衣、食、住、行、娱乐、社会交往等方面。如今,不良的生活方式已经成为现代社会中影响人们健康的最为主要的因素。诸如脑血管疾病、心脏病、恶性肿瘤等致死率较高的疾病,其致病因素都与个体的生活方式有着十分密切的关系。可见,健康的生活方式对于人的健康是非常重要的。

学前儿童阶段是人逐渐形成自己生活方式的起始阶段,形成良好的生活方式将对人一生的健康有益。学前儿童应养成良好的卫生习惯和生活方式,如:生活有规律,坚持体育锻炼;平衡膳食,按时进餐;定期接受健康检查,配合医务保健人员做好各项保健工作;能在日常生活中保持稳定和乐观的情绪,自尊自爱;等等。

(四)卫生保健设施

学前儿童卫生保健设施为学前儿童提供卫生保健服务。保健设施的易得性程度,包括保健设施的完善程度和服务质量等,直接影响着学前儿童的健康状况。完善儿童卫生保健设施,提高儿童卫生保健服务的水平和质量,是保证儿童健康的重要基础。随着医学的发展及社会的进步,我国儿童保健的社会服务已基本形成较为系统的网络体系。

需要注意的是,将影响学前儿童健康的因素分为环境因素、生物学因素、生活方式以及卫生保健设施四类,是出于研究的目的人为使之。而事实上,影响学前儿童健康的因素在现实中是难以分割清楚的。因此,在实际中,我们应使用系统、全面的观点去认识这些因素对学前儿童健康的影响。

第二节　学前儿童健康教育的内涵与目的

一、学前儿童健康教育的内涵

(一)健康教育的概念

健康教育概念的产生是与人们对健康的认识和需要密切联系的。健康教育的出现最早源于与学校有关的卫生教育。

从19世纪后期开始,美国及欧洲的一些国家相继尝试在学校开设生理卫生课,“健康”被写入学校的教育目标。据相关文献记载,“Health Education”(健康教育)最早出现在1919年美国儿童健康协会的会议上。在此之后,一些直接从事卫生和教育的专家们也逐渐明确地把健康与教育联系起来,指出要通过教育指导人们预防疾病。健康教育工作者和健康组织都基于各自对健康教育的认识与理解,提出了自己对健康教育的界定方法。目前,有关健康教育的定义有数十种之多,归纳起来有如下五点共识:

第一,健康教育是一种以教育为中心的过程,是一种自愿的而非强制的学习。

第二,健康教育所关注的对象是人。它促使每个人获得能力和责任感,以便对自我的健康做出抉择。

第三,健康教育的焦点在于实现健康知识与个人实际行为之间的联结与统一。

第四,健康教育重视个人行为的实际改变以及影响个人行为形成、改变的各种因素。

第五,健康教育需要社会和行政干预。

健康教育是一门研究传播健康知识和技术、影响个体和群体行为、预防疾病、消除危险因素、促进健康的科学。现代社会的人们迫切需要进行以健康为目的,有计划、有组织、有步骤的教育活动。健康教育能促使人们自觉地采取有利于健康的行为和生活方式,主动避免影响健康的不利因素,以便预防疾病,提高生活质量。

首先,健康教育是健康与教育的有机结合,促进健康教育不仅是卫生部门的责任,也是教育部门的责任,是全社会共同的责任。它的核心就是教育人们树立“人人为健康,健康为人人”的正确观念,增强自我和群体的保健意识及保健能力,营造一种全民范围的健康意识——每个人不仅要对自己的健康负责,向社会求得医疗保健服务,还要在促进他人和全社会的健康方面承担义务。因此,健康教育就必须为人们提供改变危害健康的行为和生活方式所需的知识、技能与服务,并促使人们自觉地应用这些知识、技能和服务。其次,健康教育是一种有目的的教育活动,它强调改变人们的行为,提高生活的质量。因此,健康教育要有组织地加以实施,要贯彻在人的整个学习生活中,要在人们的意识形态、生活理念和生活习惯形成的过程中自然地渗透健康的行为准则,使人们在接受其他知识、培养认识问题和解决问题能力的同时,也接受正确的健康知识,学会认识和处理自身以及周围的健康问题。

(二)学前儿童健康教育的含义

处于幼儿期的孩子,具有生长发育十分迅速但远未完善、心灵稚嫩纯洁但容易受到伤害、活泼好动但自我保护能力欠缺等特点。这些因素决定了"保护幼儿的生命和促进幼儿的健康"在幼儿园工作中的首要地位。

学前儿童健康教育是根据学前儿童身心发展的特点,以提高学前儿童对健康的认识、改善学前儿童的健康态度、培养学前儿童健康行为、维护和促进学前儿童的健康为核心目标而开展的有组织、有计划、有目的的一系列教育活动。学前儿童健康教育包括学前儿童的身体健康教育和心理健康教育两大领域。学前儿童健康教育是终身健康教育的基础,是学前教育最重要的组成部分。《纲要》中明确规定了幼儿园教育要与0—3岁儿童的保育教育以及小学教育相互衔接。

(三)学前儿童健康教育的意义

在一个人发展的过程中,生命的健康存在是保证其发展的物质基础。向学前儿童提供健康教育是人类进步的必然要求,是学前儿童身心发展的需要,也是学前儿童教育必不可少的组成部分。学前儿童健康教育可以通过多种多样的手段,有计划、有目的、有组织地使学前儿童掌握健康知识,养成有益于个人、集体和社会的健康生活方式、行为方式,促进学前儿童身体、心理、社会适应能力的全面发展。无论从社会发展还是儿童个体发展的角度来看,对学前儿童进行健康教育都有着十分重要的意义。

第一,学龄前期是人身心发展的关键时期,对学前儿童进行健康教育十分必要。

教育部于2012年颁布的《3—6岁儿童学习与发展指南》(以下简称《指南》)中指出:"幼儿阶段是儿童身体发育和机能发展极为迅速的时期,也是形成安全感和乐观态度的重要阶段。发育良好的身体、愉快的情绪、强健的体质、协调的动作、良好的生活习惯和基本生活能力是幼儿身心健康的重要标志,也是其他领域学习与发展的基础。"陈鹤琴先生也曾提出"幼稚园第一要注意的是儿童的健康"的观点。0—6岁的儿童身体各器官的发育和功能尚未完善,组织比较柔嫩,生长发育处于十分迅速和旺盛的时期,但同时其各方面的能力却较差,如保护生命安全的能力、身体活动的能力、自我照料和独立生活的能力等，知识经验也相当缺乏。因此，一方面，儿童需要成人给予他们精心的照顾、爱护和帮助。例如，成人应根据不同阶段学前儿童消化系统的特点，向其提供科学合理的营养膳食。再比如，学前儿童对危险的事物和活动缺乏判断力，往往难以躲避所面临的危险，有时甚至会制造危险。成人既要保护他们的安全，又应该根据其不同年龄段的特点对其进行必要的、基本的安全教育，使其逐渐形成安全意识，掌握必要的安全知识和技能。另一方面，成人需要积极地为学前儿童创设良好的生活环境，利用一切有利因素促进学前儿童正常的生长发育，增进和维护学前儿童的身心健康。例如，为学前儿童建立合理的生活制度，让学前儿童有规律地生活；培养学前儿童良好的生活卫生习惯和独立生活的能力，使他们更好地维护自身的健康，更好地适应社会生活；组织开展适合学前儿童的身体锻炼和体育活动，做好全面的卫生保健工作，让学前儿童在接受教育的同时，也能积极主动地参与力所能及的健康活动。

第二，学前儿童健康教育将为个体一生的健康奠定良好的基础。

17 世纪英国著名的哲学家和启蒙思想家约翰·洛克提出，"人生幸福有一个简短而充分的描述：健全的心智寓于健康的身体。凡身体和心智都健全的人，就不必再有什么别的奢望了；身体或心智如果有一方面不健全，那么即便得到了种种别的东西，也是枉然"。而在 2001 年 9 月召开的联合国大会儿童特别会议上，时任联合国秘书长安南提出：每个儿童都有权拥有最佳的人生开端；每个儿童都应该接受良好的基础教育；每个儿童都应有机会充分发挥自身潜能，成为一名有益于社会的人。对于儿童来说，最佳的人生开端应该是有充分合理的营养，良好的健康状况，生活在一个充满丰富的感知刺激、关爱和温暖的环境氛围之中。人生开端通常是指孩子从出生到 6 岁这一阶段，它是人生中最容易受外界影响的阶段，是每个人自身发展的最佳时期，也是人生的奠基时期。而学前儿童健康教育是终身健康教育的基础阶段。学前儿童时期的健康不仅能提高学前儿童的生命质量，而且能为其一生的健康打下坚实基础。人在生命历程的每一个阶段都必须高度重视健康问题，任何时候放松了对健康知识的学习和应用，都有可能使健康远离自己。所以说，对学前儿童进行健康教育，培养其健康的生活信念和生活方式，对提高其一生的生活质量和生命质量都是意义重大的。

第三，学前儿童健康教育是对学前儿童进行全面素质教育的不可缺少的组成部分。

健康既是学前儿童身心和谐发展的结果,也是学前儿童身心充分发展的前提。学前儿童的身心健康是其全面和谐发展的基本条件。健康的身体是学前儿童智力发展的基础。例如,学前儿童在进行适宜的身体运动时,各器官、系统在形态、结构和机能上都会得到一定的完善和提高,从而为智力的活动提供先决条件。学前儿童健康教育在促进儿童身体健康发育和智力发展的同时,对其道德的发展也有着积极的影响,如使其学会关心公共环境的卫生、讲究秩序等。丰富多彩的健康教育活动满足了学前儿童活泼好动的心理需要,同时也改变着学前儿童的不良习惯,使其习得自我服务的技能,学会与同伴和谐相处,这些都有利于学前儿童身心的全面发展。

第四,学前儿童的身心健康是国家、民族发展的需要。

《中共中央、国务院关于深化教育改革全面推进素质教育的决定》中指出:“健康体魄是青少年为祖国和人民服务的基本前提,是中华民族旺盛生命力的体现。”著名教育家陈鹤琴先生曾提出:健全的身体是一个人做人、做事、做学问的基础;强国必先强种,强种必先强身,要强身先要注意幼年的儿童。而脑科学的相关研究成果表明,人的大脑在3岁以前发育最快,脑的发育和外界环境、教育密切相关。人学习的许多关键期都在6岁以前,特别是3岁以前。民族的发展、国家的进步,需要一代又一代人的不断努力和创造。而科学技术的进步、国家经济的发展,乃至整个社会文明的进步,在根本上都取决于一个国家下一代的素质和竞争力。换句话说,学前儿童的身心健康关系着国家和民族的未来,是提高人口素质、民族素质的重要保证;关注儿童早期的健康教育乃是国家和民族发展的需要。只有先保证了个体的身心健康,才能促进整个社会的健康发展,才能建设强大而繁荣的国家。

二、学前儿童健康教育的目的

学前儿童健康教育是学前儿童教育的一个重要组成部分,是健康教育的基础,其目的是提高学前儿童对健康知识的认识水平,改善学前儿童的健康态度,培养学前儿童有益于个人、社会的健康行为和习惯。

健康知识的传授是学前儿童健康教育不可缺少的一个重要方面。相关健康知识的传授,能够使学前儿童了解到有利于身心健康的知识,并进一步影响其行为习惯,加强其自我保健的能力。学前儿童健康态度、信念的确立,以及健康行为和习惯的养成,是建立在获取正确的健康知识的基础上的。需要说明的是,一些学前儿童所表现出的不良行为习惯,并不一定代表其认知能力或水平低下,通常只是因为其缺乏科学的健康知识。例如,有的儿童没有掌握正确的刷牙方法,只会横着刷牙;有些儿童不懂得怎样与人交往,在集体生活中总是不能很好地被别人接受。

帮助学前儿童确立健康的态度和信念是学前儿童健康教育另一个重要的方面。态度是个体对人、事物所持的一种具有持久性和一致性的行为倾向,它能够对行为起直接的干预作用。学前儿童对待健康问题的正确态度是促进其健康知识转化成行为和习惯的动力,一旦形成就不容易改变,并对他们的行为起着直接的影响,甚至能影响其一生的卫生行为和习惯。因此,学前儿童健康教育应充分认识到儿童早期健康态度形成的重要性。

从认知到行为是一个极其复杂的过程。在知识、态度和行为这三者的动态关系之中,知识是基础,态度是动力,行为是目标;为了达到目标,就应首先具备相应的知识和正确的态度。例如,为了养成健康的行为和习惯,就要使接受教育者,即学前儿童,首先具备相应的健康知识和正确的健康态度。需要说明的是,知识、态度、行为这三者之间虽然存在因果关系,却并不存在必然关系。此外,知识、态度和行为的转变所需要的时间以及困难程度是不同的。知识的转变较为容易;态度的转变因涉及情感问题,不仅较为困难,历时也相对更长;而行为和习惯的转变则是最难达成的。学前儿童与其他任何年龄阶段的人群相比,要实现从认知到行为的转变都相对更为容易。因此,在学龄前阶段抓好儿童的健康教育比在其他年龄阶段人群中进行健康教育更为有效。

总体来说,在学前儿童健康教育中,健康知识的传播应重现儿童的内化程度,健康态度的培养应着眼于儿童的情感体验,健康行为的养成应立足于儿童的自觉自动。不论任何时候,学前儿童健康教育都应充分调动儿童参与的积极性,遵循儿童的身心发展规律。

第三节　学前儿童健康教育的目标与内容

一、学前儿童健康教育的目标

《纲要》明确要求:“幼儿园必须把保护幼儿的生命和促进幼儿的健康放在工作的首位。”因此,教师应该明确学前儿童健康教育的目标,通过多种途径和方法促进学前儿童健康的发展。学前儿童健康教育的目标,实质上是在幼儿园教育、活动期间,对儿童身体素质、自我保健能力等方面应达到的水平的预想,是对学前儿童在健康教育中应获得的发展效益的规定。它是幼儿园健康教育活动的出发点和归宿,是科学开展学前儿童健康教育活动的关键,是确定学前儿童阶段目标和具体活动目标的依据。一般认为,学前儿童健康教育的目标包括三个层面:总目标、分类目标和年龄阶段目标。具体到幼儿园实施层面来说,可以将其进一步细化为总目标(健康领域目标或课程目标)、学年目标、学期目标、月目标、周目标、具体教育活动目标。

(一)学前儿童健康教育目标确立的依据

1. 学前儿童身心发展的特点和规律

学前儿童教育工作要遵循学前儿童身心发展的规律,符合其年龄特点,注重个别差异,因人施教,引导学前儿童个性的健康发展。学前儿童是教育的对象,教育是引导学前儿童发展的重要外部条件,是有目的、有计划地对其施以自觉影响的过程。教育的针对性、可接受性、引导性是学前儿童发展的不可或缺的因素。

学前儿童的身心发展水平及特点,体现了其作为教育对象接受教育的现有基础以及对发展的需求。因此,学前儿童身体、心理和各种能力的发展规律,各年龄阶段的特点以及现有的能力发展水平,是确定学前儿童健康教育目标的根本依据。只有充分把握学前儿童身心发展的现状及发展趋势,才能切实促进其身心的健康发展。

儿童的发展具有差异性。即使是同一年龄段的儿童,由于遗传、环境、教育的影响有所不同,其身心发展状况也会存在一定的差异性;即便是同一名儿童,其不同时期的生长发育情况也是不同的。因此,学前儿童健康教育目标的制定必须遵循学前儿童发展的一般性和特殊性规律。

2. 学前教育和健康教育的总目标

2001 年颁布的《纲要》,分别从健康、语言、社会、科学、艺术五大领域提出了幼儿园教育的主要目标,其中健康领域的目标为:

(1)身体健康,在集体生活中情绪安定、愉快;

(2)生活、卫生习惯良好,有基本的生活自理能力;

(3)知道必要的安全保健常识,学习保护自己;

(4)喜欢参加体育活动,动作协调、灵活。

2016 年正式实施的新版《幼儿园工作规程》(以下简称《规程》),对我国幼儿园保育和教育工作的主要目标做出了更为细致的阐述:

(1)促进幼儿身体正常发育和机能的协调发展,增强体质,促进心理健康,培养良好的生活习惯、卫生习惯和参加体育活动的兴趣;

(2)发展幼儿智力,培养正确运用感官和运用语言交往的基本能力,增进对环境的认识,培养有益的兴趣和求知欲望,培养初步的动手探究能力;

(3)萌发幼儿爱祖国、爱家乡、爱集体、爱劳动、爱科学的情感,培养诚实、自信、友爱、勇敢、勤学、好问、爱护公物、克服困难、讲礼貌、守纪律等良好的品德行为和习惯,以及活泼开朗的性格;

(4)培养幼儿初步感受美和表现美的情趣和能力。

学前教育和健康教育的总目标是制定学前儿童健康教育目标的直接依据,学前儿童健康教育的目标应有助于学前教育和健康教育总目标的整体实现。同时,学前儿童健康教育也是学前教育和健康教育的具体内容。

3. 社会发展的需要

教育产生于社会需要,与一定的社会现实有着密切的联系。特定的社会政治、经济、文化发展水平是制定教育目标的客观依据。要使学前儿童健康教育更好地服务于社会,就必须依据社会现实及发展需要来选择和确立相应的教育目标。

健康教育活动的目标既关注主体自身的身心和谐,又关注主体与环境的关系和谐。社会环境对人的思想、行为具有潜移默化的影响。学前儿童的接受能力(尤其是模仿能力)较强,他们所接触过的事物,诸如生活环境中的危险物品、不良刺激,以及电视、图书等大众传播媒介中的内容,都会潜移默化地对其身心产生或正面或负面的诸多影响。所以,学前儿童健康教育必须积极适应现代社会的发展需要,适时调整健康教育的目标,以促进学前儿童身体、心理及社会性的全面发展。

(二)学前儿童健康教育的总目标

学前儿童健康教育的总目标既是学前儿童健康教育的根本目的,也是学前儿童健康教育的最终目标,同时还是确定健康教育活动相应的阶段目标及具体目标的重要依据,它对学前儿童的身心保健起到规范作用。《纲要》明确提出了四条幼儿园健康领域的总目标:身体健康,在集体生活中情绪安定、愉快;生活、卫生习惯良好,有基本的生活自理能力;知道必要的安全保健常识,学习保护自己;喜欢参加体育活动,动作协调、灵活。这些总目标体现了如下三个方面的价值取向。

第一,追求幼儿的身心和谐发展。由上述第一条目标可知,幼儿园健康教育的目标应包括身体健康和心理健康两个主要方面:学前儿童的身体健康以发育健全、具备基本的生活自理能力为主要特征;学前儿童的心理健康以情绪愉快、适应集体生活为主要特征。由于学前儿童的身体健康与心理健康是密不可分的两个方面,因此一些目标往往同时包含这两个方面的内容,如目标"生活、卫生习惯良好",既包含日常生活中盥洗、排泄等生理层面的卫生习惯,也包含无吮吸手指等心理层面问题行为的意义。只有身心和谐发展,才能真正既保证身体的健康又保证心理的健康。

第二,保护与锻炼并重。幼儿园健康教育的目标既重视让学前儿童掌握必要的保健知识,具备一定的自理能力,以提高自我保护的能力;又强调通过体育锻炼,培养学前儿童对体育活动的兴趣,提高身体素质,增强动作的协调性和灵活性,发展基本的运动能力。

第三,注重健康行为的养成。对于健康心理学家以及健康教育工作者而言,最大的挑战莫过于鼓励、说服甚至迫使人们养成对健康有益的行为习惯。因此,虽然提高学前儿童的健康意识、改善学前儿童的健康态度、培养学前儿童的健康行为都是幼儿园健康教育的目标,但学前儿童健康行为的养成被视为幼儿园健康教育的核心目标。探讨学前儿童健康行为建立、改变和巩固的一般规律是学前儿童健康教育研究的重点。

(三)学前儿童健康教育的分类目标

学前儿童健康教育的分类目标是在总目标的引领下,将学前儿童健康涉及的身体、心理和社会适应三个方面进行相对的划分与归类后确定的目标。分类目标的确定有利于提高学前儿童健康教育活动开展的系统性与连续性。根据学前儿童健康教育的性质和特点,可以将学前儿童健康教育的目标划分为身体保健与生活自理教育、安全教育、体育锻炼和心理健康教育四大类。

1. 身体保健与生活自理教育的目标

(1)认识身体的主要器官并了解其主要功能,掌握保护身体主要器官的基本方法。

(2)养成良好的作息、排泄、盥洗、整理等卫生习惯。

(3)知道初步的卫生常识,掌握预防常见疾病的简单知识,提高生活自理能力及自我保护能力。

(4)了解常见食物的名称,知道不同食物有不同的营养;愿意吃健康的食物,养成良好的饮食习惯。

2. 安全教育的目标

(1)认识常见的交通标志,了解基本的交通规则,养成遵守交通规则的良好习惯。

(2)了解应对意外事故的常识,知道要及时避开危险场所,掌握基本的求生技能。

(3)了解玩电、玩火的危害性,懂得水、火、电、刀具以及常用药物的使用常识和注意事项。

(4)外出时注意安全,掌握简单的自救与求救技能。

3. 体育锻炼的目标

(1)喜欢参加体育锻炼,对体育活动有兴趣。

(2)掌握走、跑、跳等各类体育活动的基本方法,提高身体的协调性和灵活性。

(3)能够在寒冷或炎热的天气中坚持体育锻炼,提高身体的抵抗能力。

(4)在体育活动中学习自我保护的技能。

4. 心理健康教育的目标

(1)愿意参加集体活动,在集体生活中情绪安定、愉快。

(2)有初步的自我概念与自我认同,形成积极乐观的态度。

(3)能够用正确、适宜的方式表达和调节自己的情绪。

(4)学习感知、理解他人的情感,掌握初步的社会交往技能。

二、学前儿童健康教育的内容

学前儿童健康教育的内容随着"健康"和"健康教育"内涵的扩展而扩展,主要包括学前儿童身体健康教育和学前儿童心理健康教育两大方面。

(一)学前儿童身体健康教育的内容

1. 体育锻炼

(1)基本动作和游戏。例如:走、跑、跳、投掷、平衡、钻爬和攀登等。

(2)基本体操和队列队形。

(3)器械类活动和游戏。具体包括:大中型固定性运动器械与游戏、中小型可移动运动器械与游戏、手持的小型运动器械与游戏。

除上述体育锻炼的主要内容外,幼儿园还可以根据周围的自然和社会环境组织各类活动和游戏。另外,各地还有许多具有民间和地域特色的体育活动和游戏,也是幼儿园开展体育活动不可多得的宝贵资源。

2. 生活卫生习惯

(1)生活自理习惯,具体指自己盥洗、穿脱和整理衣服鞋袜、吃饭、收拾整理玩具等生活自理能力和习惯。

(2)良好的作息习惯,具体指按时睡觉、定时定量饮食、定时大小便、每天参加体育锻炼和户外活动等有规律的生活习惯。

(3)清洁卫生习惯，具体指讲究个人卫生，养成勤洗手、勤洗头、勤洗澡、勤换衣、勤剪指甲、勤理发等清洁卫生习惯；学会使用自己专用的手帕、面巾、水杯，在咳嗽、打喷嚏时会用手帕或纸巾捂住口鼻，不乱挖鼻孔。

(4)学习卫生习惯，具体指养成良好的阅读、绘画、写字习惯，站、坐、握笔等姿势正确，注意用眼卫生；保持书籍、文具和玩具的清洁，养成自己整理活动用具的习惯。

3. 饮食与营养

(1)情绪愉快，愿意独立进餐。

(2)认识常见的食物；平衡膳食，知道应该合理食用多种食物，不偏食、不挑食、不过食，尤其知道要多吃富有粗纤维的食物；少吃零食，主动饮水。

(3)进餐习惯良好，能够做到：饭前洗手、定时定量进食、正确使用餐具、保持桌面和地面清洁、不乱吃零食、不过多饮用冷饮、进餐时细嚼慢咽、不边吃东西边说笑等。

4. 安全自护

(1)了解日常生活中的安全常识，过马路、乘坐交通工具、玩大型运动器械时能注意安全。

(2)认识常见的安全标志，遵守交通规则，初步形成自我保护意识。

(3)了解应对意外事故和伤害（如触电、煤气泄漏、交通事故、走失、火灾、地震、台风等）的常识，具有基本的求生技能，知道初步的自救和向成人求救的方法。

(4)有积极探索生命现象的兴趣，了解身体外形和人体的一些主要器官及其功能，保护五官，爱牙、护牙，注意用眼卫生，不将异物塞入耳鼻内；初步了解身心疾病的预防知识，能愉快地接受身体健康检查和预防接种，积极配合疾病预防与治疗，知道快乐有益于健康。

5. 环境与健康

(1)了解自然环境中的花草树木、禽兽鱼虫、阳光、水土等与人的生存及身心健康的关系。

(2)了解环境污染对人的危害,知道保护环境的重要性。

(3)养成爱护自然、维护环境卫生的习惯。

(4)养成节约水电,爱护图书、玩具,珍惜食品、衣物的行为习惯。

(5)培养热爱自然的健康情感。

(二)学前儿童心理健康教育的内容

1. 学习表达和调节情绪的方法

(1)正确认识、理解、评价触发情绪反应的情境,明确只有合理的需要才能得到满足,不合理的需求必定受阻。

(2)学会用语言和非语言(神态、表情、动作等)形式表达、调节积极的或消极的情绪。

(3)培养控制、调节情绪的能力。学习用自我说服、诉说、注意力转移、忘却、宽容等方法调节情绪;学习合理疏泄愤怒、畏惧、忧虑、委屈、厌恶等消极情绪的方法。

2. 培养社会交往能力

(1)学习感知和理解他人的情感。理解他人的愿望和情感,懂得用语言和非语言的方式安慰、鼓励、谅解他人;对他人的愿望和情感能给出合适、积极的反应。

(2)培养轮流分享、合作互助的能力。学会与同伴轮流分享玩具、书籍等物品;在生活和游戏中学会合作互助,自己有困难时懂得寻求帮助,他人有困难时乐于提供帮助。

(3)有初步的公平竞争意识。在竞赛性的活动中,逐步理解公平竞争的含义;正确面对输赢,懂得要通过努力获得成功。

(4)正确认识和评价自我。

(5)懂得基本的礼貌礼节。见面、道别时会使用礼貌用语,知道要称呼、问候他人;学会待客、恭贺喜事、探望病号、拜访亲友时的基本礼节。

3. 锻炼独立生活和学习的能力

学习日常生活独立自理的方法,自己的事能自己做,不依赖他人;在学习和游戏中有主见，学会独立思考，能独立操作并完成任务；学习自我保护的常识和技能；培养良好的独立个性和心理品质。

4. 养成好习惯

养成包括讲礼貌、热爱集体、与同伴友好相处、爱护公共卫生和设施、爱护花草树木和小动物等良好的习惯。

5. 性教育

研究表明，3—6岁是学前儿童性别意识发生、发展的关键期。儿童早期形成的性概念和性准则，将影响其成年后的性观念和性行为，深远地影响其心理健康。因此，从小进行性教育，使学前儿童懂得性别差异和性角色，知道一些简单的性知识，是非常必要的。

(1)性认同和性角色。正确的性认同和性角色意识，有利于学前儿童更好地适应社会生活，形成健康的性心理基础。

(2)科学简洁的性知识。对于学前儿童的提问和疑惑，教师应该以科学求实的态度，简洁地回答孩子。

(3)正确处理学前儿童的性游戏。教育者和家长要正确对待学前儿童的一些性游戏活动，不能粗暴制止，更不能羞辱他们。否则，会损害学前儿童性心理的健康发展。应当因势利导，晓之以理，帮助学前儿童形成健康的性心理。

(4)纠正学前儿童玩弄生殖器和大腿摩擦的不良习惯。

三、选择学前儿童健康教育内容应注意的问题

(一)教育的内容与目标要保持一致

教育目标要通过教育内容来实现，而教育内容要依据教育目标来实践。事实上，学前儿童健康教育的目标已经界定了学前儿童健康教育的内容，并且对内容要点给出了提示。学前儿童健康教育的目标是学前儿童健康教育内容选择的基准。例如，针对小班初入园的学前儿童，教师制定并提出了“情绪稳定，对幼儿园环境有兴趣，愿意与同伴交往并积极参加本班活动”的培养目标。针对此目标，在教育内容的选择上，就应紧紧围绕目标设定，选择学习歌曲《我上

幼儿园》、组织参观幼儿园、观看木偶剧表演《乖宝宝上幼儿园》等内容。值得注意的是,“条条大路通罗马”,实现相同的健康教育目标可以通过选择不同的健康教育内容来实现,在教育实践中应体现出同一健康教育目标下健康教育内容多元化的原则。

(二)教育内容与学前儿童的身心发展及生活经验要相互关联

学前儿童健康教育内容的选择还要与学前儿童身心发展及生活经验相关联,任何背离学前儿童身心发展规律的目标最终都无法达成。学前儿童身体各器官、各组织的发育还不成熟,功能还不完善,心理正处于发展阶段,思维水平相对较低。在选择幼儿园健康教育的内容时,要符合学前儿童身心发展的水平,紧密联系其生活经验,针对其健康现状及发展趋势选择相应的教育内容。唯有如此,儿童才能感兴趣,教育效果才会比较理想。例如,大班的儿童普遍出现了换牙现象,教师可设计并开展“我们换牙了”这个健康教育活动。对于大班儿童来说,这个内容很好理解,教育效果也会比较突出;但如果将此活动放到小班去进行,则意义不大,效果也不好。教师应该根据学前儿童的年龄特点和个体差异,选择适宜的教育内容。

(三)教育内容要为学前儿童一生的发展服务

学前儿童健康教育要体现终身教育的理念,教育内容在选择上不能只注重眼前效果,而要满足学前儿童终身发展的需要。具体来说,学前儿童健康教育应围绕这四项基本内容展开:学会认知,学会做事,学会共同生活,学会生存。

《纲要》明确指出:“幼儿园教育是基础教育的重要组成部分,是我国学校教育和终身教育的奠基阶段”,它应“为幼儿一生的发展打好基础”。学前儿童健康教育应符合《纲要》的要求,精选能够为学前儿童一生的发展打好基础的内容,不能只注重眼前效果和短期效益。例如,在开展“爱护牙齿”这一健康教育活动时,有些教师更热衷于教孩子学习《刷牙歌》,却不注重孩子对正确刷牙习惯的养成。而从健康教育的角度来讲,实际上是后者对孩子终身的发展更为有益。再如,有些小班教师或保育员为了完成带量食谱规定的进食量,不顾孩子的感受,大声呵斥其加快进餐速度,更有甚者,强行一匙一匙塞饭,导致儿童害怕吃饭,产生厌食情绪,甚至抵触上幼儿园;但教师却振振有词,认为孩子不吃饭会影响健康,这样做是为了孩子好。殊不知,这种只注重身体保健,却忽视心理保健的行为，往往会导致非常严重的恶劣后果。

（四）教育内容要具有时代性

学前儿童健康教育的内容应紧密联系当前实际，具有时代性。我国著名教育家陶行知先生主张“生活即教育”“社会即学校”。学前教育不能局限在狭小的教室里，学前儿童生活的大自然、大社会都可以作为学前教育的场所、范围和内容。教育内容应该来源于生活，服务于生活。当前社会发展迅速，新生事物层出不穷，在学前儿童健康教育内容的选择上，应体现出一定的时代特点，与学前儿童的现实生活紧密结合。例如，目前手机已经普及每个家庭，教师在开展学前儿童安全自护教育时，完全可以把使用手机求救的方法列入教育内容之中。

思考与练习

1. 什么是健康教育？谈谈你对学前儿童健康教育的看法。
2. 学前儿童健康的标志有哪些？
3. 简述学前儿童健康的影响因素，并举例说明。

第二章 学前儿童健康教育活动设计

学习目标

1. 了解学前儿童健康教育活动的特点。

2. 理解学前儿童健康教育活动设计与组织的基本要求。

3. 掌握学前儿童健康教育活动的原则、方法和基本流程。

学前儿童健康教育是健康教育的基础,《纲要》指出:"幼儿园的教育活动,是教师以多种形式有目的、有计划地引导幼儿生动、活泼、主动活动的教育过程。""教育活动的组织与实施过程是教师创造性地开展工作的过程。"教师要根据幼儿的身心发展规律及学前儿童健康教育活动的目标要求和特点,灵活地设计与实施学前儿童健康教育活动。

第一节 学前儿童健康教育活动的特点

学前儿童健康教育是根据学前儿童身心发展的特点,有目的、有计划、有组织地开展的以提高学前儿童健康认识、改善学前儿童健康态度、培养学前儿童健康行为、维护和促进学前儿童健康为核心目标的一系列教育活动,其特点主要表现在如下方面。

一、情感体验和习惯养成

学前儿童健康教育受学前儿童认知水平、理解能力等方面的限制，虽然教师也重视让学前儿童掌握必要的健康知识，但学前儿童健康教育并不以传授知识为主要任务，而是更强调改善学前儿童的健康态度、培养学前儿童的健康行为，即注重健康教育中的情感体验和习惯养成。

学前儿童健康教育中的情感体验就是根据学前儿童的特点，采取相应措施，运用一定的教育教学手段，激发学前儿童的健康情感，使其乐意、自愿接受健康和卫生知识，改变不正确的健康和卫生态度，形成良好的情感品质。例如，学前儿童知道蔬菜有营养，能补充人体需要的维生素，但大多数学前儿童仍然不喜欢吃蔬菜。如果教师只是空洞地说蔬菜有营养、应该吃蔬菜，那么学前儿童会感到枯燥无味，教育效果也就不会好。教师可以根据学前儿童身心发展和学习的特点，组织丰富多彩的活动，采取看动画、做游戏、动手操作等活动形式，使学前儿童在轻松愉快的气氛中受到感染，从而产生喜爱蔬菜和喜欢吃蔬菜的情感和意识。

陈鹤琴先生曾指出，人类的动作十之八九是习惯，而这种习惯又大部分是在幼年养成的。所以，幼年时代，应当特别注重习惯的养成。学前儿童健康行为的养成是学前儿童健康教育的核心目标。而学前儿童健康教育中的习惯养成就是要养成学前儿童良好的生活习惯、卫生习惯和行为习惯。健康行为一旦发展成为健康习惯，便能形成一种无形的力量，约束个体的行为，使个体不知不觉地去执行并完成健康的行为目标。

学前儿童健康教育活动就是教师创造一定的条件和环境，让学前儿童有机会进行各种健康实践活动。在教学活动中，对于一些生活技能、健康行为，教师要让学前儿童反复练习，以形成稳定的动作和行为习惯。例如，在“合理饮食”活动中，让学前儿童自己搭配营养自助餐，以养成不挑食的好习惯；在“爱护眼睛”活动中，大家一同来练习正确的握笔和书写姿势，学习保护眼睛的方法；在“学习的好习惯”活动中，让小朋友们互相学习整理书包、收拾学具的方法，通过群体练习、参与，从改变群体行为习惯入手，加速个体健康行为习惯的养成。

二、环境的渗透性

学前儿童是在特定的环境中成长的。《纲要》指出:“环境是重要的教育资源,应通过环境的创设和利用,有效地促进幼儿的发展。”“幼儿园应为幼儿提供健康、丰富的生活和活动环境,满足他们多方面发展的需要,使他们在快乐的童年生活中获得有益于身心发展的经验。”学前儿童健康活动的开展,在很大程度上是通过创设和利用幼儿园的环境资源,并在其中渗透健康教育理念,使幼儿在美好、和谐、健康的环境中潜移默化地感受生活、提高健康认识、养成健康习惯的。

首先,创设丰富多彩的物质环境,并在其中渗透健康理念。例如,营造安静的进餐环境、宁静温馨的睡眠环境,建设生动有趣的创造角、问题征集室等。还可以根据幼儿的年龄特点,积极引导幼儿动手布置墙饰,装饰教室。例如,在幼儿园每层楼梯旁边的墙上,贴上常见交通标志的图案;在活动室的墙面上,画上以健康教育为主题的配有口号的卡通画,如“请认真刷牙!”“我能天天做运动!”等。利用这些生动有趣的画面来提醒幼儿,促使其在潜移默化中养成良好的健康习惯。

其次,构建宽松和谐的心理环境。《纲要》指出:“教师的态度和管理方式应有助于形成安全、温馨的心理环境;言行举止应成为幼儿学习的良好榜样。”教师应“以关怀、接纳、尊重的态度与幼儿交往”。幼儿园通过构建健康的心理环境、创设宽松和谐的班级氛围、建立平等融洽的师幼关系和互帮互助的家园关系,促使幼儿情绪安定,心理健康。

三、教育内容的全面性

《纲要》明确指出:“幼儿园必须把保护幼儿的生命和促进幼儿的健康放在工作的首位。树立正确的健康观念,在重视幼儿身体健康的同时,要高度重视幼儿的心理健康。”

学前儿童健康教育就是要通过多种多样的手段,有计划、有目的、有组织地使幼儿掌握健康知识,养成有益于个人、集体和社会的健康生活方式、行为方式,促进幼儿身心健康、道德健康和社会适应能力的全面发展。教育内容的全面性具有如下两个层面的含义。一是指健康教育旨在促进幼儿身心全面发展。即健康教育活动不仅要促进幼儿身体的健康和发展，而且要促进幼儿心理的健康和发展；不仅要增强幼儿的体质，而且要促进幼儿在认知、情感、态度、社会性和个性方面的良好发展。二是指健康教育旨在使幼儿身体的各个部位，各器官、系统的机能，各种身体素质和基本活动技能等都得到全面、协调的发展，尽量避免身体锻炼的片面性和不平衡性。

四、健康教育的生活性

陈鹤琴先生提出：儿童离不开生活，生活离不开健康教育；儿童的生活是丰富多彩的，健康教育也应把握时机。因此可以说，学前儿童健康教育就是生活教育，需要在幼儿一日生活的每一个环节渗透健康教育理念，开展健康教育活动。

学前儿童健康教育就是要及时在幼儿的日常生活中开展健康教育。例如：小班幼儿刚入园时不会正确如厕，教师就可以在幼儿如厕时及时教给幼儿如厕的方法；幼儿在玩耍时碰伤了头，教师就可以边帮助幼儿处理伤口，边开展安全教育，讲解对类似事件的应急处理方法、常用的急救方法，并提醒幼儿以后应该特别注意防止类似危险的发生。

学前儿童健康教育就是要在盥洗、进餐、清洁、锻炼、游戏等日常生活的每一个环节中渗透健康教育理念，通过培养幼儿良好的生活行为习惯来促进幼儿的健康发展。例如：进餐时保持安静，不大声说话，不谈笑，避免食物进入气管；洗手时注意随手关紧水龙头；睡觉时保持正确的姿势，不蒙头；游戏时不乱跑，不把一些小玩具塞入鼻内、口内。

日常生活中的健康教育还能使学前儿童健康教育活动得到延伸，有利于巩固幼儿的健康行为。例如，在“营养快车”这一主题活动完成后，教师可以把当天的午餐安排成小型的“自助餐”，为幼儿提供自主选择与搭配饮食的实践机会，鼓励幼儿尝试并练习合理地选择食物。这样的活动既能激发幼儿的食欲和积极性，又能促使幼儿将所学的健康知识应用到生活中去，逐渐养成健康的行为习惯。

五、活动的参与性

就"如何科学、合理地安排和组织一日生活"这一问题,《纲要》给出指导意见:"教师直接指导的活动和间接指导的活动相结合,保证幼儿每天有适当的自主选择和自由活动时间。教师直接指导的集体活动要能保证幼儿的积极参与,避免时间的隐性浪费。"此外,教师还应关注幼儿在活动中的表现和反应,敏感地察觉他们的需要,及时以适当的方式应答,形成合作探究式的师生互动。

学前儿童健康教育活动是教师和幼儿的双边活动,要以教师和幼儿的共同参与为前提——一方面,要求教师平等地参与;另一方面,要求所有的幼儿充分地参加活动。教师在活动中起主导作用,要精心设计、充分准备,为每个幼儿创造机会,调动幼儿的主动性、积极性、创造性,激发幼儿的活动兴趣,使他们自觉、主动地参与到健康教育活动中来。特别是那些平时不大引人注意的幼儿,教师更要把他们作为重点关注的对象,给他们活动和表现的机会,保证他们的参与。

学前儿童健康教育是一项系统工程,它有赖于幼儿园、家庭和社会的共同参与。在开展健康教育时,还应让家长认识到健康教育的重要性,使他们积极主动地配合教师,督促幼儿各方面健康习惯和能力的养成。

六、教育效果评价的过程性

学前儿童健康教育,以游戏为基本活动方式。学习不是学前儿童的主要任务,学前教育的目的在于激发学前儿童学习的兴趣,培养他们良好的学习习惯。因此,对于学前儿童健康教育活动教育效果的评价,不能只注重结果,更要重视过程,重视学前儿童身心的发展过程。要从学前儿童日常的行为表现,生长发育,营养、健康状况等方面评价教育效果。例如,"洗洗小手讲卫生"(活动目标:知道洗手的重要性;掌握洗手的正确方法;养成清洁卫生的好习惯)这一活动的评价指标就可设定为:幼儿能说出什么时候应该洗手;幼儿在没有帮助的情况下能自己正确地洗手;幼儿能自觉、主动地洗手。

第二节　学前儿童健康教育活动设计的原则和基本要求

一、学前儿童健康教育活动设计的原则

(一)主体性原则

学前儿童健康教育活动的设计应体现学前儿童的主体性,而主体性又是在活动中表现出来的。教师应根据幼儿的兴趣和身心发展特点来设计目标,编排内容,选择方式方法,精心设计活动过程,将教师的"教"转化为幼儿的"学",变"要我学"为"我要学""我爱学"。教师要设计更多的幼儿自主活动内容,给予幼儿充分的活动时间,为他们提供丰富的操作材料,为幼儿创造与同伴、教师交往、互动的机会。此外,教师还要设计对幼儿自主活动的必要指导,以调动幼儿的积极性、主动性、创造性。

(二)科学性原则

开展学前儿童健康教育活动还要讲究科学性原则。目标的制定要科学,教育内容的选择要科学,教学方法要科学。学前儿童健康教育是启蒙的教育,同时也是规范的教育,对幼儿健康技能的培养应力求做到一步到位。例如,刷牙技能、进餐习惯的培养,一开始就需要正确、正规的教育。

健康教育需要长期进行,每一个阶段都应该有重点,循序渐进;既要做好集中教育,又要做好日常生活中的能力培养。身体素质的发展是有连贯性的,因此活动内容的安排要讲求连续性,合理间隔,循序渐进。唯有如此,才能使幼儿的身心健康得到更好的发展。

(三)发展性原则

学前儿童健康教育要为幼儿的现实发展负责,同时更要为他们的终身发展担负责任,应使每个幼儿在原有水平的基础上得到发展。在学前儿童健康教育

目标的制定和内容的选择上，要考虑略高于幼儿现有水平，同时又是幼儿经过努力后可切实完成的内容。要注重幼儿的个体差异，活动的组织应以小组、个别活动为主，集体活动为辅，从而加强对个别幼儿的合理指导，实现每个幼儿的合理发展。例如，有些教师在实践中只强调健康技能的习得，却使幼儿丧失了学习的兴趣和进行创造性学习的愿望；只注重自由快乐的气氛，却又使一些幼儿养成了无所事事、懒惰散漫的坏习惯。这都是在开展学前儿童健康教育活动时应该避免的错误，教师要尽量结合幼儿终身发展的需要来设计课程，为他们的终身发展担负责任。

（四）整合性原则

《纲要》明确指出："教育活动内容的组织应充分考虑幼儿的学习特点和认识规律，各领域的内容要有机联系，相互渗透，注重综合性、趣味性、活动性，寓教育于生活、游戏之中。"学前儿童健康教育是以3—6岁幼儿为对象的教育，幼儿的身心发展特点和学习特点决定了学前儿童健康教育必须是整体性教育，且需要高度的整合。

在开展学前儿童健康教育时，应该具有整合的观念，切不可人为地割裂有益于幼儿发展的整体经验。可以在本领域内整合学前儿童健康教育的课程，如整合学前儿童身体保健和心理保健的内容，整合学前儿童身心保健与身体锻炼的内容；也可以进行超领域的整合，如整合学前儿童健康教育领域与科学教育领域的内容，整合学前儿童健康教育领域与艺术教育领域的内容。实现课程的整合，能够更好地促进幼儿的全面发展。事实上，幼儿身心发展的特点决定了幼儿园任何领域的教育都应该把幼儿的健康放在第一位，开展学前儿童健康教育必然要与其他领域的课程相结合。例如：在开展幼儿音乐教学活动时，可引导幼儿学习讲究卫生，保护发声器官；在开展语言教学活动时，可引导幼儿学习与人沟通、交往，促进幼儿健全人格的形成；等等。

（五）全方位渗透原则

学前儿童健康教育应渗透于幼儿的一日生活之中，"一日生活即课程"。幼儿园的教育活动，是教师以多种形式有目的、有计划地引导幼儿主动活动的教育过程。全方位渗透原则就是要把幼儿园的健康教育活动融于幼儿的每日生活之中，避免"三天打鱼，两天晒网"的现象。

（六）兴趣性原则

幼儿的活动通常带有明显的情绪色彩，他们之所以进行某一活动，大多是因为本身就对此活动感兴趣。因此，教师在设计学前儿童健康教育活动时，应努力使活动的每个环节都充满趣味，以引起幼儿浓厚的学习兴趣，激发幼儿强烈的学习欲望，使幼儿在愉快的气氛中，带着愉悦的心情，全身心地投入到活动中。

首先，教师要树立正确的教育观。在健康教育活动的设计中，要以幼儿为主体，注重引导幼儿参与活动，使幼儿在轻松愉快的活动中学习知识，丰富经验，从而促进幼儿的健康发展。

其次，在设计学前儿童健康教育活动时，教师应该让幼儿的注意力指向并集中在活动上，使幼儿带着浓厚的兴趣把注意力高度集中在“学”的活动上。因此，活动的内容、形式，以及组织的方法都应体现出丰富性和多样性，以激发幼儿参与活动的兴趣，使他们积极主动地参与到活动之中，练得开心，玩得尽兴。

最后，以游戏的形式开展学前儿童健康教育活动。游戏是幼儿喜爱的、自愿参加的活动，也是幼儿园教学活动的主要形式。所以，从某种程度上说，游戏既是教材又是手段，把学前儿童健康教育寓于游戏活动之中，有利于增进活动的趣味性。在具体设计中，教师应根据不同年龄幼儿的特点选择教材，研究教法，有目的地发展幼儿各项基本动作技能，提高幼儿参加活动的兴趣、积极性和主动性，促进幼儿身体的正常发育和技能的协调发展，全面锻炼幼儿的身体。

（七）创造性原则

学前期是个体最富有创造力的时期，开发和培养学前儿童的创造力，是学前教育的重要任务，当然也是学前儿童健康教育的目标之一。同时，《纲要》也要求教师“创造性地开展工作”。

1. 树立创新理念

教师在开展健康教育活动时，不能单纯地依靠老规矩、老经验、老办法，而要勇于开拓和大胆尝试，根据社会的发展和幼儿的成长变化，创新健康教育活动的内容、形式和方法，不断探索创造性的健康教育活动模式。

2. 激发、保护、发展幼儿的创造性

(1)教师应以自己对工作的创新态度和创新精神影响幼儿,激发他们的创造性。

(2)教师要本着以幼儿为主体的教育理念,真心地爱护幼儿,充分尊重幼儿的思想、情感、意志和行为方式,多用启发、诱导、鼓励的方法和幼儿互动,通过创设宽松、民主、平等、和谐的精神环境来保护和发展幼儿的创造性,使幼儿能在轻松愉快的氛围中充分表现自己。

二、学前儿童健康教育活动设计的基本要求

在设计学前儿童健康教育活动时,教师应注意把握如下几方面的具体要求:一要明确指导思想,细化教育目标;二要保证活动准备充分;三要确保教育内容全面、科学,有所侧重;四要使组织形式灵活多样;五要使教学方法丰富多样;六要加强活动反思。

(一)明确指导思想,细化教育目标

1. 明确指导思想

(1)保教结合。《纲要》指出:“幼儿园必须把保护幼儿的生命和促进幼儿的健康放在工作的首位。”而在2012年教育部颁布的《幼儿园教师专业标准(试行)》(以下简称《标准》)中则有明确要求:教师要重视“保教结合”,要“帮助幼儿形成良好的行为习惯”。根据《纲要》和《标准》的要求,学前儿童健康教育必须坚持保教合一的指导思想。针对幼儿年龄小、可塑性强但生活经验和知识经验匮乏、生长发育迅速但不完善、活泼好动但缺乏自我保护意识和能力等特点,在开展学前儿童健康教育活动时,不仅要重视向幼儿传授基本的健康知识,更要做好耐心、细致的保育工作,做到“教中有保,保中有教,保教结合”,促进幼儿的健康成长。例如,要培养幼儿不挑食的好习惯,可以在讲明各种食物营养的基础上,结合幼儿喜欢色彩鲜艳、形象可爱的食物的特点,将食物做成小动物的形状,用不同颜色的食材搭配做菜,引起幼儿的兴趣,从而增进其食欲。在进餐时,教师应语言亲切、态度和蔼地鼓励幼儿吃各种食物,对表现好的幼儿及时给

予表扬和鼓励，以调动幼儿用餐的积极性。

（2）树立正确的健康观。树立正确的健康观是开展学前儿童健康教育，促进学前儿童健康发展的前提。《纲要》明确要求："树立正确的健康观念，在重视幼儿身体健康的同时，要高度重视幼儿的心理健康。"幼儿的身体健康以发育健全、具备基本的生活自理能力为主要特征；幼儿的心理健康以情绪愉快、适应集体生活为主要特征。学前儿童健康教育活动要贯彻《纲要》所体现的"身心并重"的健康教育观念，充分认识到身体健康是幼儿身心健全的基础，心理健康是幼儿身心健全的关键。在学前儿童健康教育活动中，既不能片面强调幼儿的身体健康，也不能片面强调幼儿的心理健康，要把二者统一起来共同发展。

（3）尊重学前儿童的主体地位。在学前教育改革中始终贯穿着这样一种思想——以幼儿为本，强调幼儿在教育活动中的主体地位。著名儿童心理学家皮亚杰曾指出，儿童是自己的哲学家。教育的第一条件就是要尊重主体、认识主体、热爱主体，只有充分尊重幼儿的主体性，幼儿才有可能主动、积极、创造性地活动。在学前儿童健康教育活动中，要努力为幼儿提供自主活动的机会，减少对幼儿身心的约束，建立平等的师幼关系，营造一种生动活泼、温暖和谐的教育气氛，激发幼儿活动的兴趣，使其获得真正愉快的、幸福的发展。

2. 细化教育目标

促进幼儿的身心健康发展既是学前教育的根本目的，也是学前儿童健康教育的终极目标。在学前儿童健康教育活动中，教育者必须通过研究进一步将这些目标细化，使其具有可操作性。

（1）结合年龄特点细化。在确定学前儿童健康教育活动的目标时，首先要结合本班幼儿的年龄特点、发展水平，细化总目标，使其具体化。尤其是在不同年龄班开展同一内容的系列活动时，目标的制定更要把握其准确性，要做到各系列活动之间既有联系又有区别。例如，针对与饮食和营养相关的内容，可以这样细化教育目标：小班幼儿认识几种常见的富有营养的食物，知道它们对身体有益处；中班幼儿知道身体的生长发育与营养摄入状况有关系，知道常见的富有营养的食物的名称和作用；大班幼儿懂得简单的营养知识，知道营养与健康的关系，初步了解营养不良的症状及调养方法。

（2）结合具体活动细化。在设计具体的健康教育活动时，目标的确定应该突出活动的重点，具有针对性。

(二)活动准备充分

全面充分的准备是学前儿童健康教育活动成功的基础,主要包括教师的准备、幼儿的准备、环境资源的准备等。

1. 教师的准备

(1)知识、能力方面的准备。《纲要》指出:"教师应成为幼儿学习活动的支持者、合作者、引导者。"教师的知识结构、能力水平直接影响其对幼儿学习活动的支持和引导效果。

首先,教师要有广博的知识。幼儿教师懂得的知识要多,知识面要宽,这样才能应对幼儿旺盛的求知欲,对他们时时刻刻的提问做到有问必答。教师尤其要积累扎实的幼儿卫生科学知识、营养学知识、安全知识、心理健康知识等,这是对幼儿进行健康教育的前提。在设计学前儿童健康教育活动时,教师要做好相关知识结构方面的准备,以便准确、科学地向幼儿传播健康知识,解答幼儿提出的意料不到的问题并及时纠正幼儿错误的回答。比如,要帮助幼儿加强对人体的认识,教师必须先掌握相应的知识,充分了解人体各器官及各部位的名称、构造、功能及其需要受到的保护,并且能够将这些内容深入浅出地表达出来。

其次,教师要不断提高自己的能力水平。学前儿童健康教育活动需要与家庭、社会的联系,教师应具有良好的组织协调能力、沟通合作能力;学前儿童健康教育活动的主题、内容等选择要符合幼儿的发展特点和实际情况,教师需要有敏锐的观察能力;为合理分配各年龄段主题内容的侧重点,教师还要有统筹安排活动的能力;教师也要有恰当选择学前儿童健康教育活动内容、方法的能力,以及良好的语言表达能力。

(2)心理准备。首先,教师要调整好自己的心态,带着饱满的热情,以积极的态度投入教育活动。这样,受到教师情绪感染的幼儿,其积极性和主动性也会被调动起来。其次,教师要有对于教育活动可能会发生变化的心理准备,这有助于教师沉着应对突发事件。

(3)物质资料(玩具、教具)的准备。幼儿的思维活动具有具体形象的特点。在学习过程中,幼儿是通过感官认识、辨别事物特性的。教师要为幼儿准备丰富的物质资料(玩具、教具),让幼儿通过对玩具、教具的操作使用,将一些抽象的知识变成看得见、摸得着的知识,并且在动手操作的过程中,对活动产生兴趣,轻松愉快地学习知识、增长技能。比如,在“不偏食、不挑食”活动中,教师为幼儿准备了食物的图片、模型,以及食物原料、炊具、餐具等,让幼儿自己动手做食物,自己配餐。幼儿在自己动手操作过程中所获取的经验将是终生难忘的。此外,教师还可以准备适当的多媒体材料。学前儿童健康教育涉及许多卫生知识,若将枯燥的知识搬到生动的屏幕上,幼儿的兴趣将倍增,健康教育的效果亦将大幅提升。

2. 幼儿的准备

(1)知识经验方面的准备。教育活动必须在幼儿原有知识经验的基础上开展,知识经验是幼儿在具体学习过程中强烈的学习兴趣和探究欲望得以维持的重要保证。在进行新的健康教育活动前,教师必须了解幼儿先期已经掌握了哪些与本活动相关的知识技能、具备了哪些能力、还有哪些不足,从而通过事先观察、学习等方式帮助幼儿做好相关的知识准备,让幼儿能够在原有基础上建构新的经验。比如:在“端午节赛龙舟”活动中,为了让幼儿探究多人组成“龙舟”以及运用身体的不同部位使“龙舟”向前移动的方法,教师可以组织幼儿观看龙舟比赛的视频,增强幼儿对龙舟的感性认识;在“胖与瘦”活动开展前,教师可根据“幼儿体重标准表”组织本班幼儿测量体重,丰富幼儿有关于标准体重方面的经验,同时,为了达成“幼儿乐意参加各项体育锻炼并体验活动带来的快乐”这一活动目标,教师还可以指导幼儿亲自动手操作相关器械用具等。

(2)心理准备。幼儿的心理准备是学前儿童健康教育活动中不可忽视但又经常被忽视的方面。充分的心理准备有助于幼儿集中注意力,能够唤起幼儿的内心期待,激发其探索的欲望,调动幼儿活动的积极性、主动性。比如,在进行正式的体育活动前,教师通过组织幼儿玩“老鹰捉小鸡”“切西瓜”等体育游戏或观摩他人玩游戏,使幼儿感受协作游戏的乐趣,激发其主动参与体育活动的愿望。

充分的心理准备还能减缓紧张、焦虑、害怕等不良情绪,从而减少活动可能对幼儿造成的伤害。比如:在利用大型器械活动前,教师应讲解活动要领,示范动作,分析活动难点;在日常生活中,教师可以向幼儿渗透打针、吃药的重要性及可能由此引发的不适感等。这样,就在活动前给幼儿留下了足够的心理准备空间,可以适当缓解幼儿的不良情绪。

(3)物质准备。学前儿童健康教育活动应提倡师幼共同制作玩具、教具,这符合幼儿的学习特点,有利于幼儿感性经验的获得。此外,对于制作玩具、教具的活动材料,应鼓励选用日常生活中的各种物品、当地的自然资源和安全的废旧材料,以培养幼儿珍惜和利用资源的意识,培养幼儿独立操作和自主学习的能力,同时还能节省教师制作教具的时间,最终节约了幼儿园的物质资源。教师还可以请幼儿从家中自带一些废旧材料,如鞋盒、易拉罐、塑料瓶、绳等,鼓励幼儿自己动手制作玩具和教具。

3. 环境资源的准备

学前儿童健康教育活动的环境资源准备主要包括两个方面:环境的创设和物质资源的准备。不同主题、不同内容的健康教育活动对环境资源的需求有所不同,有些活动需要在幼儿园内开展,有些活动则涉及幼儿园外的环境。

(1)幼儿园内环境资源的准备。在幼儿园内开展健康教育活动时,教师要尽量为幼儿提供便于他们探究、操作的物质资源,以保证教育活动的成效。在创设环境时,要力求环境为目标服务,做到安全卫生、经济美观,符合幼儿身心的发展特点和发展需要。同时,要引导幼儿积极参与,在师幼互动合作的过程中,使创设环境的过程也成为教育的过程。

(2)幼儿园外环境资源的准备。学前儿童健康教育活动要充分利用园外环境资源的教育作用,如家庭、社区的环境资源等。在幼儿园外开展活动时,教师对这些环境要有充分的了解,以做到合理利用。例如:教师在了解到社区公园有双杠、单杠、吊环、扭腰器等器械后,可以带领幼儿到社区公园进行体育活动,指导幼儿利用这些器械锻炼平衡力,提高腰部肌肉力量,锻炼手臂力量,增强关节的灵活性等;可以带领幼儿参观社区医院,开展“打针我不怕”“可恶的病菌”“护士阿姨真能干”等健康教育活动;组织幼儿到附近菜市场买菜,开展“蔬菜分类”“我会买菜”“营养要均衡”等健康教育活动;组织幼儿到马路边去观察来来往往的汽车,学习交通安全知识,发现红绿灯的作用,学会“红灯停,绿灯行,过马路要走斑马线”的道理。

(三)教育内容全面、科学,有所侧重

学前儿童健康教育的内容是教师向幼儿传递的主要信息,是幼儿健康认知的原料,也是完成健康教育目标、促进幼儿健康发展的中介。教师所选择的活动内容合适与否,将直接影响到健康教育目标的实现程度。

1. 教育内容要全面

学前儿童健康教育的内容涵盖面要广、要全面，应以健康为核心，由身体保育、安全生活教育、心理健康教育、体育教育等内容组成。

2. 教育内容要科学

(1)学前儿童健康教育活动的内容应准确明了，符合科学规律。虽然传授给幼儿的健康知识是初步的、浅显的，但教师对知识的介绍、说明、讲解、分析和举例都必须是准确无误、通俗易懂的，应避免模糊的、似是而非的，甚至错误的知识和概念。这样，才能够帮助幼儿形成科学的概念，树立科学的健康意识。例如，幼儿问教师："为什么要洗手?"教师应回答："如果不勤洗手，就很容易把手上的病菌带到口腔里，然后病菌进入体内，我们就会生病。"而不是回答："因为手上有虫子，不洗手就会把虫子吃到肚子里去。"

(2)学前儿童健康教育活动的内容要符合幼儿的特点和需要，以幼儿可接受的、与其生活经验紧密联系的方式呈现。比如，我们要求幼儿"不偏食、不挑食"，但不能直接对幼儿讲"膳食均衡有利于健康"的大道理，而是要通过介绍各种各样的食物，让幼儿了解到每一种食物的主要特点，从而意识到只有样样食物都吃，才会身体健康。

3. 教育内容要有所侧重

学前儿童健康教育在内容上须全面、广泛，但也应有所侧重。

(1)针对不同年龄班有所侧重。首先，针对不同年龄班开展的健康教育，其内容重点在设置上应有所不同。比如：情绪稳定、对物质与心理环境的适应、生活习惯的初步养成等应是小班健康教育的重点；生活自理能力的初步培养、对心理环境的良好适应等应是中班健康教育的重点；而大班则应侧重于对幼儿生活自理、自我保护能力的培养。其次，同样的健康教育内容可以在不同年龄班开展，但其教育目标和对幼儿的具体要求不一样，教师应该根据幼儿的年龄特点和个体差异有所侧重，选择适宜的教育内容。比如：针对"保护牙齿"这一内容，要求小班幼儿知道正确的刷牙方法，并初步学习刷牙；要求中班幼儿掌握正确的刷牙方法，并做到每日早晚刷牙；要求大班幼儿了解有关预防龋齿及换牙的知识，知道保护牙齿的科学方法。

(2)针对具体活动有所侧重。学前儿童健康教育内容的几个重要部分之间有着密切的联系,在进行健康教育时,应将它们看作一个统一的整体,注重几方面内容的相互融合。但是,在某一具体活动的实施中,又可以有所侧重。比如,在“小手真干净”这一活动中,虽然可以安排“洗手时不拥挤”“注意别滑倒”等安全教育内容,但是活动的侧重点应该放在“使幼儿学会正确的洗手方法,养成爱洗手的好习惯”上。

(四)组织形式灵活多样

《纲要》要求:“既要高度重视和满足幼儿受保护、受照顾的需要,又要尊重和满足他们不断增长的独立要求,避免过度保护和包办代替,鼓励并指导幼儿自理、自立的尝试。”学前儿童健康教育活动是教师以多种形式,有目的、有计划地引导幼儿生动、活泼、主动活动的教育过程。

学前儿童健康教育活动应根据不同的教育内容,针对幼儿的不同特点,合理地利用各种环境资源,调动幼儿的感官,灵活地运用集体、小组、个别活动的形式,为幼儿提供充分的主动活动的机会,并注重活动的过程,为不同层次的幼儿在不同程度上的发展提供条件。

1. 集体教育、小组活动、个别指导相结合

根据参与人数的多少,学前儿童健康教育可以采用集体教育、小组活动、个别指导三种组织形式。这三种组织形式各有自己独特的功能和适用范围,也各有利弊。

集体教育是一种高效的组织形式,可以在短时间内同时向全班幼儿提供丰富的信息,保证知识的连贯性和条理性,增强幼儿的组织性、纪律性及交往、合作意识,但难以照顾到每个幼儿的需要,幼儿参与活动的积极性较差。

小组活动通常可以按幼儿的兴趣、需要进行分组,允许幼儿按自己的速度和方式参与活动。这种方式有利于调动幼儿主动探究、操作的积极性,增进幼儿与同伴、教师的讨论与交流,锻炼幼儿的组织、领导能力,但需要教师花费更多的时间和精力。

个别指导的方式鼓励幼儿在教师的指导下,自己寻找和获取知识。通过这种方式,教师能较好地照顾到每个幼儿不同的特点和需要,激发幼儿学习的主动性。但这种方式不利于培养幼儿的自制力和集体性,并且会消耗教师大量的

时间和精力。

因此，在学前儿童健康教育活动的具体实施中，教师应根据活动的目标、内容及有关情况把这三种方式有机地结合起来，通过综合运用，取得最佳的健康教育效果。

2. 健康教学与日常生活中的随机教育相结合

在学前儿童健康教育活动中，一方面，有许多健康教育的内容必须通过健康教学的形式才能完成。比如，一些幼儿不太容易理解的健康知识、不太容易掌握的健康行为、需要系统训练的健康技能等。教师只有有计划、有目的、精心地设计和组织健康教学，才能引导、启发、帮助幼儿理解和掌握这些内容。从另一方面来说，健康教育是生活教育，应当渗透到幼儿日常生活的各个环节。幼儿的日常生活中就隐含着健康教育的时机，教师要善于捕捉并抓住机会，适时地对幼儿进行随机教育。

因此，学前儿童健康教育既要注重健康教学，又要重视日常生活中的随机教育，应该将二者紧密结合起来，共同促进幼儿的健康发展。

3. 重视家园合作，幼儿园与家庭教育相结合

“家庭、幼儿园、社区”三位一体的健康教育有助于幼儿养成良好的健康习惯。在家园合作共育的过程中，教师要通过双向互动与家长在健康观念上达成一致，主动寻求家庭的支持与配合，不断优化家庭和社区的健康生活环境，充分利用各方面的健康教育资源。例如，充分发挥家长的资源优势，在全园各班开展“嘉宾有约”活动，请职业为乒乓球教练的家长来园给幼儿介绍乒乓球的打法，请职业为体育教师的家长与幼儿一起互动健身，等等。通过这一系列活动的开展，幼儿开阔了视野，了解到了不同形式、不同种类的运动项目，知道各种各样的体育活动都可以锻炼身体，都可以让身体长得更棒。

（五）教学方法丰富多样

教学方法是指为完成教学任务而采用的方法，是开展教学的有效手段，是激发幼儿学习兴趣、有效传递健康教育信息、帮助幼儿理解健康教育内容、促进健康教育活动顺利进行的重要因素。

学前儿童健康教育要根据健康教育的目标、内容，以及学前儿童的年龄特点、身心特点和发展水平，灵活选择适当的教学方法，使其具有针对性、多样性、趣味性的特点。

学前儿童健康教育活动一般可以采用游戏法、动作与行为练习法、讨论法、情境表演法、感知体验法、模拟训练法、实验法、讲解示范法等。其中，感知体验法、动作与行为练习法、模拟训练法是基本方法。在进行学前儿童健康教育活动时，要综合运用以上各种方法，并在实践活动中不断探索和创新。

（六）加强活动反思

活动反思就是在教学活动结束后，教师自觉地将自己的实践活动作为认识对象，对活动的全过程进行回顾，对活动中所获取的信息进行分析、研究和总结，以进一步了解幼儿的特点，总结教学经验，探索教学规律。活动反思是一种有益的思维活动和再学习活动，是教师通过对其设计与组织的活动进行理性分析，从而提高自身设计与组织能力的活动。

《标准》要求幼儿园教师要“主动收集分析相关信息，不断进行反思，改进保教工作”；要“针对保教工作中的现实需要与问题，进行探索和研究”。所以，要重视、加强教师对学前儿童健康教育活动的反思，包括对教学活动设计的反思、对教学过程的反思、对教学效果的反思等，从而不断提高教师的专业素质。

第三节　学前儿童健康教育活动的实施

一、学前儿童健康教育活动设计的一般结构

（一）活动课题名称

活动课题名称应包括年龄班、活动内容与名称，如课题：大班身体保健活动——“牙齿掉了怎么办”。

（二）活动目标

每一个具体的教育活动在实施前一般都有确定的目标，即使是生成性的活

动,教师心中也会有设想好的目标。学前儿童健康教育活动的目标在内容上一般包含认知、情感态度和能力三个维度。目标的表达要明确具体,操作性要强,应避免因目标过大或过难而无法在一次活动中完成的情况。在表述目标时,不要用“教会”“培养”等带有强迫幼儿学习意味的词语,可以多用“体会”“感受”“练习”“引发”等词语。

案例分析

中班健康活动“预防传染病方法多”

活动目标

1. 知道细菌、病毒进入身体会使人得病,了解常见传染病的基本症状及预防小常识。

2. 能根据已有经验与同伴积极协商,共同绘制预防传染病的宣传海报。

3. 感受预防传染病的重要性,消除对传染病的恐惧心理,树立向周围人宣传健康观念的责任意识。

(三)活动重难点

活动重点是对教学活动重要目标的体现;活动难点是对幼儿学习过程中可能出现的困难的估计。活动重点是相对于目标和内容而言的,找出重点是为了进一步的突出和强化;活动难点是针对受教育者,也就是学前儿童而言的,找出难点是为了下一步的突破和克服。在学前儿童健康教育活动中,教师要注意分析幼儿的发展情况,找准活动重难点,以达到突出重点、克服难点的目的。

(四)活动准备

活动准备包括幼儿在活动过程中所必需的知识经验和技能准备、必要的心理准备,以及教师所需的教具等物质准备。例如,幼儿活动器械的准备、活动场地的准备、环境布置等。

(五)活动过程

活动过程的设计应包括活动导入、基础活动安排、提问设计、活动形式与方法、活动小结、活动延伸等内容。

(六)活动反思

活动反思是教学活动不可缺少的重要环节。教师可以通过活动反思进行自我诊断,发现自己在设计和组织教学活动过程中的优势和不足,以便及时调整和改进工作。

二、学前儿童健康教育活动的实施过程

(一)开始部分

从教师的角度来说,教育活动是教师有目的、有计划、有组织地施行的活动,教师作为活动的组织者、指导者,自然承担着引导幼儿进入所要学习的主题并指导其深入探索的任务。在学前儿童健康教育活动的开始阶段,教师的主要任务是引导幼儿发现问题,引发幼儿的思考,为下一步活动做准备;主要目的是集中幼儿的注意力,激发幼儿的学习兴趣。教师恰当的活动导入策略是非常重要的,它可以在较短的时间内吸引幼儿的注意力,激发幼儿学习的兴趣,引导幼儿主动探究和思考,保证健康教育活动实施进程的顺利,使幼儿在轻松、自主、有趣、愉快的氛围中学习。

(二)基本部分

学前儿童健康教育活动的基本部分是幼儿表现自己已有的经验和获取新经验的过程,是教师适时、适宜、适度地介入的过程,是一个多向积极互动的过程。在健康教育活动开展的过程中,幼儿以各种方式对感兴趣的事物进行探索,但由于幼儿的经验、能力,活动材料、活动时间、活动空间等多种因素的影响,教育活动的展开并不一定是顺利的,此时则需要教师适当地介入和指导。教师应该根据活动目标确定活动的重点和难点,并以此安排幼儿的活动顺序、步骤,设计活动的方式、方法,并注意各环节之间的自然衔接和过渡,围绕目标,

循序渐进。

要想有效地开展健康教育活动,教师就必须在满足幼儿兴趣需要的同时,采取灵活多样的“推进策略”。例如,“需要在前,引领在后”的教育策略,“探索在前,讨论在后”的教育策略,“观察在前,指导在后”的教育策略,等等。

(三)结束部分

活动结束部分的主要目的是归纳和总结活动的主要内容,如评价总结、展示和交流活动成果等。如有尚未完成的内容,可以将其作为活动的延伸部分,安排在其他时间继续。

一般来说,学前儿童健康教育活动最后应该安排幼儿之间进行分享和交流的环节,这是幼儿向他人展示自己已有收获或成果的阶段,也是教育活动必不可少的一部分,是将教育活动推向高潮的一个环节。作品的展示,生动的讲述,已有的经验、知识的传递,获得的关注与赞扬,都将使幼儿充分地享受成功的喜悦。这种成功感将转化为幼儿成长进步的内动力,促使幼儿更喜欢学习与探索。

三、学前儿童健康教育活动的组织与指导

(一)教师教育观念的转变和角色定位

师幼关系是学前儿童教育中的基本关系,学前儿童教育活动的过程是师幼交往、共同发展的互动过程,良好的师幼关系是顺利完成活动目标的重要保证。《纲要》强调:“教师应成为幼儿学习活动的支持者、合作者、引导者。”在此精神的引领下,教师应注重把握自己的新的角色定位,从原来的“教书匠”转变成“研究者”,从“施教者”转变成“引导者”,从“点菜者”转变成“菜单提供者”,从“独奏者”转变成“伴奏者”。总体来说,传统的知识传授者的教师角色会发生如下变化:

第一,教师由传授者向促进者转变;

第二,教师由独白者向对话倾听者转变;

第三,教师由权威者向合作者转变;

第四,教师由控制者向提供者转变;

第五,教师由单纯的实践者向实践反思者转变。

(二)教师在教育活动过程中的组织和指导

1. 教育活动组织与指导的注意事项

(1)活动导入要注意趣味性、新颖性,要能激发幼儿的兴趣,集中幼儿的注意力,以便于组织活动。

(2)各环节衔接、过渡要自然,减少不必要的等待时间,提高活动效率。

(3)建立良好的学习常规,减少不必要的整顿秩序、维持纪律的时间,引导幼儿养成良好的学习习惯。

此外,在整个活动过程中,要始终注意师幼互动,提问应富有启发性,能充分调动幼儿学习的积极性;要采用灵活多样的方式方法,多让幼儿感知、体验和创造。

案例分析

小班健康活动"会说话的身体"

教师组织幼儿边听音乐边做游戏,引导幼儿认识身体的主要部位。

幼儿随着歌曲《碰一碰》的音乐一起做游戏。游戏结束后,教师先引导幼儿说一说与同伴互相碰了身体的哪些部位,然后请幼儿根据指令再次游戏,重点引导幼儿相互碰一碰头、手、腿、脚等部位;引导幼儿随着健身操音乐随意做摇头、点头、摆手、屈膝、踢腿、蹦跳等动作,让身体各部位充分动起来。

小结:头、手、腿、脚是我们身体的重要组成部分,多让它们动起来,身体才会变得更灵活、更健康。

2. 科学、合理地安排活动的各个环节

(1)要注重综合性、趣味性,寓教育于活动、游戏之中。

(2)因时、因地、因内容和幼儿的学习特点,灵活运用集体、小组、个别等活动形式。

(3)运用好教师直接指导和非直接指导的方法,保证幼儿有充足的时间自主地进行活动。

案例分析

小班健康活动“我感冒了”

1. 设置情境——看布娃娃表演;引起幼儿兴趣,导入活动。

教师出示布娃娃,以布娃娃的口吻与幼儿打招呼,为幼儿唱歌。在唱歌的过程中,布娃娃不停地打喷嚏、流鼻涕、咳嗽,最后导致无法继续演唱,只能躺到旁边的小床上休息。

2. 组织幼儿讨论,了解感冒的原因及症状。

问题一:布娃娃怎么了? 为什么会感冒?

小结:衣服穿少了、蹬被子了、被患感冒的人传染了等,都容易引起感冒。

问题二:你得过感冒吗? 感冒了有哪些不舒服的感觉?

小结:得了感冒很难受,会鼻子不通气、流鼻涕、嗓子痛、头痛、咳嗽、打喷嚏,有时候还会发烧,所以当身体不舒服时一定要及时告诉大人。

3. 情境表演,让幼儿了解得了感冒应该怎么办。

请幼儿结合生病时父母照顾自己的生活经验,模仿其行为自己照顾布娃娃,用教师提供的教具给娃娃喂水、吃药,在娃娃额头上敷凉毛巾。

小结:得了感冒要多喝水,按时吃治疗感冒的药,注意多休息;如果发烧还要吃退烧药或用湿毛巾降温,严重时要赶紧上医院接受治疗。

3. 科学、合理地安排活动环境和活动材料

教育活动环境的创设应认真贯彻教育性、参与性、发展适宜性、开放性和安全性原则。

(1)环境创设和材料收集的过程也是幼儿学习的过程,教师和家长不要包办代替,应引导幼儿主动参与活动材料的收集,一起设计和布置活动环境。例如,在大班健康活动“健康日”的开展过程中,幼儿与教师一同将提前收集的爱牙日、爱眼日、爱耳日等与健康日相关的资料(图片、宣传册等)布置成展板,通过这种富有创意的宣传活动,使幼儿在参与中认识到身体器官的重要性,树立

身体保护意识。

(2)将活动过程中运用的材料,根据适宜性原则延伸到活动区角,便于幼儿利用环境和材料进一步活动。例如,在小班健康活动"和蔬菜宝宝交朋友"顺利开展后,教师可在科学发展区粘贴几种常见蔬菜(如芹菜、油菜、大头菜等)的图片供幼儿认知;在美工区自制胡萝卜、青椒、土豆等蔬菜小印章,供幼儿自由拓印;在角色区创设小小菜市场,引导幼儿挎着小菜篮挑选自己喜欢和认识的蔬菜,进一步培养幼儿对蔬菜的兴趣。

4. 指导要有针对性和灵活性,要留有余地

教学活动的组织与实施过程是教师创造性地开展工作的过程。在具体的教学活动过程中,教师既要以活动方案为蓝图,有目的、有计划地推动活动方案的实施,又要根据幼儿的实际表现和活动状态,适时地做出灵活调整,将新问题与原计划进行有效的整合,生成新的内容。

思考与练习

1. 学前儿童健康教育活动的基本特点有哪些?
2. 在设计学前儿童健康教育活动时必须遵循哪些原则?
3. 简述学前儿童健康教育活动设计的一般结构。

第三章 学前儿童身体保健教育

学习目标

1. 了解学前儿童身体保健教育应注意的问题。
2. 理解学前儿童身体保健教育的内容。
3. 掌握学前儿童身体保健教育的目标与教学方法。

《纲要》明确指出:“幼儿园必须把保护幼儿的生命和促进幼儿的健康放在工作的首位。”学前期是幼儿身体发育和技能发展极为迅速的时期,也是形成安全感和乐观态度的重要阶段。身体健康是幼儿身心全面和谐发展的基础,直接影响着幼儿智力、心理等诸多方面的发展,影响着幼儿的未来。

第一节 学前儿童身体发育与保护教育

学前儿童身体发育与保护教育就是帮助幼儿正确认识自己的身体,逐步理解身体由小到大的自然规律,初步认识疾病对身体及其发育的消极影响,掌握初步的身体保健技能和方法。

一、学前儿童身体发育与保护教育的目标

(一)总目标

由于学前儿童的认知水平和自我保健能力有限,学前儿童身体发育与保护教育的总目标主要包括以下三点:

第一,了解人体主要器官的名称、形态、结构与功能,具有健康的体态;

第二,学习保护身体的基本技能与方法;

第三,逐步树立关心身体健康的意识,养成保护身体健康的习惯。

(二)各年龄阶段目标

学前儿童身体发育与保护教育各年龄阶段的具体目标,详见表 3 - 1。

表 3 - 1　学前儿童身体发育与保护教育各年龄阶段目标

年龄阶段	教育目标
0—3 岁	1. 能用手指出口、鼻、耳朵、眼睛等人体外部器官;能初步认识自己的身体 2. 初步懂得在身体不舒服时要主动告诉成人;生病时愿意接受医生的治疗,懂得打针、吃药能预防或治疗疾病
3—4 岁	1. 认识身体的外部结构,了解并初步掌握保护眼睛、嘴、鼻、耳朵等器官的基本要点 2. 身高与体重适宜;能在较热或较冷的户外活动 3. 在成人提醒下,能自然坐直、站直 4. 初步了解治疗疾病的简单知识,乐于接受预防接种和疾病治疗;初步了解用药的安全知识,不随意吃药

续表

年龄阶段	教育目标
4—5 岁	1. 进一步认识身体主要外部器官及其功能，知道为什么要保护身体器官 2. 身高与体重适宜；能在较热或较冷的户外环境中连续活动半小时左右 3. 在成人提醒下，能保持正确的站、坐及行走姿态 4. 换新环境时较少出现身体不适 5. 初步懂得疾病预防和治疗的重要性，逐步形成接受疾病预防和治疗的积极态度 6. 学习处理常见外伤的基本方法
5—6 岁	1. 初步认识人体主要器官的功能，如肠、胃等器官的功能及其保护方法，学会科学用脑 2. 学会保护牙齿、眼睛等重要器官的方法，并知道如何预防相应的常见疾病 3. 身高与体重适宜；能在较热或较冷的户外环境中连续活动半小时以上 4. 天气变化时较少感冒，能适应车、船等交通工具造成的轻微颠簸 5. 经常保持正确的站、坐及行走姿态

二、学前儿童身体发育与保护教育的内容

学前儿童身体发育与保护教育的内容较多，其重点在于保护五官的教育。除了开展集体教学活动外，教师还应在日常生活与活动中提示学前儿童注意身体的保健与保护。

（一）认识身体

小班儿童对身体的认识活动主要围绕五官展开，如眼、耳、口、鼻、眉的名称与用途；中班儿童可以了解身体主要部位及关节的名称与用途；大班儿童可以进一步认识身体的内部器官及骨骼，了解一些保护内部器官及骨骼的简单方法，例如，阅读图画书《肚子里有个火车站》，了解细嚼慢咽对肠胃的好处等。

案例分析

身体的支架(大班)

活动目标

1. 了解骨骼对人体的重要性。

2. 尝试画单线条动态人物,巩固对人体结构的认识。

活动准备

人体骨骼挂图、做操小人的动作图片、绘画笔、绘画纸。

活动过程

1. 摸一摸

(1)请幼儿用手摸一摸自己的身体,感受身体哪里是硬邦邦的,哪里是软绵绵的,以感知骨骼的特征。

(2)教师重点引导幼儿摸一摸全身各个部分,找一找哪里有骨骼。

2. 看一看

教师出示人体骨骼挂图,使幼儿初步了解骨骼对人体的支撑作用。重点引导幼儿观察脊椎("大梁"),使幼儿初步感知脊椎是竖直的(淡化生理弯曲)。

3. 弯一弯

(1)请幼儿之间互相结成对子,一个人摸"大梁",一个人做动作,如身体坐直、趴在桌子上、身体歪坐着等,感受脊椎的弯曲和变化。

(2)教师启发幼儿动一动身体,感受哪里还能弯曲,并请几名幼儿到前面来做出各种造型,引导幼儿观察哪个部位弯曲了。

4. 说一说

(1)教师引导幼儿讨论:如果小朋友总是弯着坐、站、走,会有什么后果呢?我们应该怎么做呢?

(2)幼儿一边说,教师一边在前方黑板上画出单线条的坐、站、走姿势的动作小人。

5. 画一画

(1)教师出示单线条做操小人的动作图片,请幼儿观察动作小人是由几部分线条组成的(头、脊椎、两个上肢、两只手、两个下肢、两只脚)。

(2)教师引导幼儿尝试绘画单线条动态人物,重点提示幼儿反映动作变化的关键是脊椎和上下肢。

6. 做一做

请画好的幼儿尝试做一做自己画出的小人的动作,互相交流模仿。

活动建议

1. 给幼儿出示的单线条动作小人图一定是简单的正向图。

2. 随时注意提醒幼儿保持正确的绘画姿势。

活动分析

此案例中,教师让幼儿通过"摸、看、弯、说、画、做"六个环节,直接感知、表现身体特征,感受骨骼对人体的支撑作用,开展有针对性的自主学习,满足了幼儿探究人体结构的愿望,增强了他们对养成良好身体姿势重要性的认识。

(二)牙齿的保护教育

1. 预防龋齿

教师应开展各种形式的口腔卫生教育,使幼儿养成早晚刷牙、饭后漱口的良好习惯;教会幼儿正确的刷牙方法,告诉幼儿刷牙时要遵循正确的刷牙原则;控制幼儿吃糖的量和次数。

(1)分区洗刷。把牙齿分为若干小区,每个小区的2—3颗牙齿作为一个刷牙动作的洗刷单位,在刷净一个小区之后,再去洗刷另一个小区。

(2)依次洗刷。依照一定的次序刷牙,以免遗漏。如先上后下、先外后里或先左后右等。

(3)三面洗刷。学前儿童刷牙时往往只刷牙齿的外侧面(即唇颊面),牙齿从外面看起来很干净,但是张开嘴,牙齿的舌腭面还有污物。因此,应要求幼儿在刷牙时将牙齿的三个面都刷到——唇颊面(即外面)、舌腭面(即里面)、咬合面(即上面)。

(4)重复洗刷。要想把牙齿彻底洗刷干净,每个小区的牙面必须来回重复洗刷3—4次,全口牙每次要持续洗刷3分钟以上。

2. 纠正口腔不良习惯

口腔不良习惯主要包括吮指、吮唇、偏侧咀嚼、咬指甲、口呼吸等。长期的口腔不良习惯会打乱幼儿发育中的口腔软组织和硬组织的平衡,导致面部、颌骨、牙齿和关节的错位畸形。畸形的类型和程度与因口腔不良习惯而加于牙颌上压力的方向、位置、大小和时间有关。因此,教师要及时发现并纠正幼儿的口腔不良习惯,教育幼儿不咬嘴唇、不吮吸手指、不只用一侧牙齿咀嚼食物、不咬指甲、不用口呼吸。例如,针对喜欢咬指甲的幼儿,教师首先应消除幼儿的心理紧张因素,找出让幼儿困扰、焦虑的原因,缓解幼儿的心理压力。然后,再通过耐心的教育,使幼儿了解咬指甲的危害,帮助、鼓励幼儿定期剪短指甲,以良好的习惯代替不好的习惯。当教师发现幼儿有咬指甲的意图时,可立即提示其画画、玩玩具、做游戏等,以转移其注意力。对于那些比较孤僻的幼儿,教师要多鼓励他们与别的小朋友一起玩,多给他们与别人交流的机会。每次幼儿成功克制住了自己咬指甲的欲望,教师就要给予其适当的奖励。

3. 了解换牙的知识

进入幼儿园大班的孩子们会陆续进入换牙期,有的幼儿看到自己或者别的小朋友的牙齿掉了,会感到惊慌和恐惧。为了让幼儿理解这一现象,教师可引导他们回家与爸爸妈妈一起查资料,并尝试回答“小朋友为什么会掉牙?”“人的一生有几副牙齿?”等问题。在此基础上,教师可以以“我们换牙了”为主题,给幼儿讲解换牙的整个过程,让他们知道这是每个人都要经历的一种正常的生理现象,消除他们的恐惧心理。同时,教师也可以借此契机,以讲故事、做游戏、唱儿歌等幼儿喜欢的形式,引导幼儿正确爱护自己的牙齿。

在学前儿童换牙期间,如遇到恒牙已长出,乳牙还未脱落的现象,教师要提醒家长及时带孩子去医院拔掉乳牙。此外,教师还要叮嘱幼儿:在感觉牙齿松动时，不要用手去摇晃牙齿；如果在进食时感到牙疼，可以把水果或硬的食物切小些再吃，同时要注意细嚼慢咽；长恒牙时，不要用舌头去舔牙，以防止新长出来的牙齿排列不齐；如果幼儿在牙齿脱落时牙龈出血，暂时不要喝热水和漱口；等等。

案例分析

我们换牙了（大班）

活动目标

1. 让幼儿知道换牙是一种正常的生理现象，不用担心害怕。
2. 让幼儿知道牙齿的健康离不开营养和保护，要坚持早晚刷牙。

活动准备

1. 了解幼儿换牙和患龋齿的情况。
2. 准备表现乳恒牙更替、到医院补牙等内容的图片。
3. 每人一面小镜子。
4. 如果有条件，可将已经开始换牙和尚未换牙的幼儿的座位交叉安排，以便幼儿在活动时互相观察。

活动过程

1. 看看自己的牙齿，再看看别的小朋友的牙齿，说说看到了什么。
2. 告诉幼儿换牙是长大了的表现，不用担心害怕，但要注意卫生。
3. 看图片，进一步了解换牙是怎么一回事，了解牙齿长得好与营养和保护有关。

（三）眼睛的保护教育

幼儿的眼健康状况关乎其一生，它涉及幼儿视力是否发育良好、今后是否会近视等问题。幼儿的眼球发育还不完善，各种因素都可能影响到幼儿视力的发展。幼儿期是视力发育的关键期，也是矫治视觉缺陷效果最明显的时期。因此，幼儿园必须开展眼睛的保护教育，培养幼儿良好的用眼卫生习惯，积极创造条件，保护好幼儿的视力。

1. 保护眼睛的注意事项

（1）教育幼儿不要在躺着、走路、乘车、吃饭时看书，不歪着头、斜着身子或趴在桌上写字、看书。

（2）幼儿连续看书、写字的时间不宜超过25分钟，每隔25分钟左右应让幼儿站起来活动一下（年龄越小，间隔时间越短），望望远处、闭目养神或做眼保健操，使眼睛得到一定时间的休息，消除眼部疲劳。

（3）带领幼儿多参加户外体育锻炼。这样不但可以增强幼儿的体质，还可以防止近视的进一步发展。

（4）教育幼儿要多摄入维生素，不能偏食，要养成合理的饮食习惯。

（5）为幼儿创设良好的采光条件，提供良好的学习、活动环境。活动室窗户大小适中，室内自然光线充足；自然光不足时，宜使用白炽灯照明；室内墙壁、桌椅家具等宜用浅色。

（6）为幼儿提供的书籍，字体要大，字迹、图案应清晰。教具大小要适中，颜色鲜艳，画面清晰。

（7）根据幼儿身高随时调整桌椅的高度。

（8）培养幼儿正确的读写姿势。正确的坐姿为：身体端正，两肩水平，大腿平放于椅面，两脚平放在地上。看书时，双前臂应平放在桌面上，身子平直微前倾，不要趴在桌面上。写字画画时，双臂平放在桌上，胸部与桌边的距离约一拳。

（9）定期为幼儿检查视力。学前期是矫治各种视觉缺陷效果最明显的时期，要定期为幼儿测查视力，一般应半年检查一次。

（10）照顾视力有问题的幼儿，合理安排他们的座位。定期为幼儿调换座位，以防斜视。

2. 培养良好的用眼卫生习惯

幼儿眼部发育不完善，抵抗细菌的能力弱，易感染沙眼、角膜炎等眼部疾病。而个人的用眼卫生习惯与眼健康之间有着密切联系，良好的用眼卫生习惯能够有效预防眼传染病的发生。

(1)加强对幼儿的健康教育，让幼儿从小养成不用手揉眼睛，不用他人的手帕、毛巾揉擦眼睛的好习惯。

(2)嘱咐幼儿每天都要随身携带清洁的手帕或纸巾。

(3)教育幼儿不要和别人共用洗脸毛巾、脸盆，最好用流动水洗脸。

(4)一旦发现幼儿出现了眼部分泌物增多、充血及流泪等症状，应及时告知家长带患儿去医院检查，及早接受治疗，减少幼儿间的交叉感染。

3. 预防眼外伤

保证幼儿学习、生活环境的安全，杜绝幼儿眼外伤的发生。

(1)严肃告知并正确引导幼儿不要玩弄和挥舞剪刀、裁纸刀、筷子、树枝等尖锐物体，以防戳伤眼睛。

(2)不要在教室放置酒精、消毒剂或其他刺激性较强的化学物品，防止幼儿不慎将其打翻时，液体喷溅入眼导致危险发生。

(3)不要让幼儿在追逐、嬉戏时手持锐利物，如铅笔、筷子等。

(4)幼儿园在为幼儿购置玩具时，要考虑到幼儿的实际自我防护能力。

(5)应引导幼儿做一些健康又安全的游戏，防止跌伤。

(6)当幼儿不幸发生眼外伤时，教师应沉着应对。对于酸碱等化学烧伤，应尽快清除溅入眼内的化学物质，立即用清水反复冲洗幼儿的眼睛，然后送幼儿到就近医院接受进一步治疗，决不能拖延。

案例分析

保护眼睛

活动目标

1. 初步了解眼睛的结构，知道眼睛的功能。
2. 知道眼睛的重要性，培养保护眼睛的意识。

活动准备

眼睛的构造图、故事《眼镜和鼻梁》、幼儿不良行为的情景图(也可以是幼儿和老师的情景表演)。

活动过程

1. 谜语导入

上边毛,下边毛,中间夹颗黑葡萄;上大门,下大门,关起门来就睡觉。

2. 了解眼睛的构造和用途

(1)出示图片,引导幼儿观察。

提问:这是什么?眼睛的上面有什么?眼睫毛有什么用处?中间像黑葡萄的是什么?眼睛的最中间的小圆点是什么?眼睛是用来干什么的?

(2)请幼儿闭上眼睛,感受一下看不见东西的感觉。

小结:眼睛是心灵的窗户,是我们认识周围世界,发现美、欣赏美的重要器官;没有眼睛,我们什么也看不到。

3. 引导幼儿了解保护眼睛的必要性和保护眼睛的办法

(1)一起欣赏故事《眼镜和鼻梁》。

夜深了,大家都睡得很香,只有明明脸上的鼻梁在轻轻地抽泣:"疼,疼,疼死我了!""谁在哭?"耳朵问。鼻梁哭泣着说:"明明的眼镜整天压在我的身上,我的身上又红又肿。"耳朵气恼地说:"讨厌的眼镜每天挂在我的身上,又沉又重,难受极了,我们找它评理去!"耳朵和鼻梁怒气冲冲地找到桌子上的眼镜:"眼镜!你为什么整天都要挂在我们的身上,又沉又重,难受极了!"眼镜理直气壮地说:"是主人把我戴在你们身上的,你们要为我服务,累也是应该的!"它们你一言,我一语地吵起来。耳朵和鼻梁气急了,它们决定报仇!第二天,明明在放学的路上边走边看书,突然鼻梁一耸肩,耳朵连忙弯弯腰,明明的眼镜就哗啦一声掉在地上,摔碎了。明明没有了眼镜什么也看不见,不小心撞在了树上,鼻梁肿了,流出很多血,耳朵也很心疼。眼睛说话了:"不要埋怨眼镜,都是明明不爱护眼睛,让我们什么也看不清,才请眼镜来帮忙。大家要互相帮助,提醒明明爱护眼睛,天天做眼保健操。如果能成功摘掉眼镜,大家都会很开心!"

提问:眼镜和鼻梁为什么吵架?最后发生了什么事情?

小结:明明得了近视眼,没有眼镜什么也看不清,但眼镜戴在鼻梁上又很不舒服,所以我们一定要好好保护我们的眼睛。

(2)一起欣赏情景表演或看图片。

场景一:小朋友在用脏手揉眼睛。

提问:这个小朋友做得对不对?为什么?应该怎样做?

小结:小朋友的脏手上有很多的细菌,如果用脏手揉眼睛就会让眼睛生病;我们如果感到眼睛不舒服,可以用干净的毛巾、手绢或者面巾纸擦。

场景二:小朋友趴在桌子上画画。

提问:这个小朋友哪个地方做得不对?为什么?应该怎么做?平时还要注意什么事情?

小结:看书、画画时眼睛不能距离纸太近,也不要躺着看书,否则容易近视;看书、画画时要抬起头,眼睛离纸保持约1尺的距离;平时还要注意不要看太长时间的电视,看书时间长了要向远处眺望一下;不要玩尖锐的东西,以防出现意外,伤害到眼睛。

(四)耳的保护教育

学前儿童如果听力受损,不仅有可能会出现听力障碍,其语言能力的发展也会受到影响,甚至可能完全丧失听说能力。因此,对幼儿进行耳的保护教育十分重要。幼儿的外耳道壁尚未完全骨化,咽鼓管较成人短,易受到感染,要特别注意保护。

第一,禁止用锐利的器物给幼儿挖耳,严禁幼儿自行挖耳。使幼儿知道:耳垢像“哨兵”一样守卫着外耳道的大门,具有保护外耳道皮肤和黏附外来物质(如灰尘、小飞虫等)的作用;耳道有自洁的功能,能将异物向外搬移,在正常情况下,耳垢可随说话、咀嚼以及头部的活动自行掉到耳外,不需要我们去做特别清理。

第二,幼儿听觉器官尚未发育完善且适应能力差,巨大的响声及嘈杂的噪声都可能使幼儿听力下降,甚至耳聋。因此,要教育幼儿用正常自然的声音说话、唱歌,不大声对着别人的耳朵喊叫;教会幼儿在听到过大声音时捂耳或张口,防止强音震破鼓膜。

第三,避免异物入耳。嘱咐幼儿不要随意将小的物品放入耳内。

第四,叮嘱幼儿在洗头、洗澡、游泳时注意不要让脏水进入到耳朵里,以免引发外耳道炎，影响听力。使幼儿知道：如果脏水进入外耳道，可以将头偏向进水一侧，单脚跳几下，即可将水排出。

第五，教会幼儿正确擤鼻涕的方法，防止幼儿在擤鼻涕时用力过猛，将带有大量细菌的鼻咽部的分泌物挤入中耳，导致感染。

第六，幼儿耳郭的皮肤薄，血液循环差。因此，教师应提醒幼儿在冬天注意给耳朵保暖，防止耳朵生冻疮。

第七，如果发现幼儿有耳朵痛或出现外耳道疖肿症状，应及时提醒家长带幼儿去医院检查，及早正确治疗。

（五）鼻的保护教育

鼻子是呼吸道的第一关，一旦有病，不仅会波及耳朵、咽喉等，还常引起呼吸道病变。学前儿童鼻腔狭窄易阻塞，鼻骨及鼻窦尚未发育成熟，其内部结构十分娇嫩。因此，保护鼻子非常重要。

1. 正确擤鼻涕的方法

正确擤鼻涕的方法是用手指按住一侧鼻孔，稍用力向外擤出另一侧鼻孔的鼻涕，用同样的方法再擤另一侧。擤鼻涕时不宜用力过猛，应以不使耳朵内突然发响和突然感觉发堵为原则。有的儿童习惯用手捏紧双鼻孔，猛力将鼻涕从压扁了的鼻孔挤出来，这是错误的方法。由于儿童的鼻窦正在发育，咽鼓管仍然宽短而水平，错误的擤鼻涕方法很容易使带有大量细菌的鼻涕进入鼻窦和中耳，引起这些部位的炎症。

2. 正确打喷嚏的方法

使幼儿知道：打喷嚏会传播病菌，千万不能面向别人打喷嚏。当患感冒或腮腺炎等呼吸道传染病时，打喷嚏的正确做法是：当自己预感到要打喷嚏时，用手帕或纸巾遮挡口鼻，避免飞沫四射；如果一时找不到遮挡物，也可以用衣服袖子代替，之后再将衣服清洗干净；如果情急之下用手遮挡了，则不要用手去触摸其他地方，应立即洗手。

3. 保护鼻子的方法

（1）教育幼儿平时不要挖鼻腔，让他们知道用手挖鼻孔是一种坏习惯。幼儿的鼻腔内黏膜很薄，血管丰富，用手指挖鼻孔很容易使鼻毛脱落，损害鼻黏膜，造成黏膜下血管破裂，引起出血。同时，因为指甲缝里最容易藏污纳垢，用手挖鼻孔很容易把手指甲上的细菌带进鼻腔，引起鼻黏膜发炎、破溃、结痂。而这种痂不易脱落，常常使人奇痒难忍，迫使幼儿又去挖鼻腔，如此进入恶性循环，鼻腔炎症越来越重，以致发展成慢性鼻炎。除此之外，长期用手挖鼻孔，可使鼻孔变大，形成"朝天鼻"，不仅影响美观，还可能会引起同伴的嘲笑，进而影响幼儿的心理健康发展。

(2)通过健康教育课，让幼儿学会正确擤鼻涕的方法。

(3)教育幼儿不要乱跑，要注意周边的物体，防止碰伤鼻子。

(4)教育幼儿不能将玻璃球、纽扣、豆子等小物件放入鼻孔，以免造成鼻腔阻塞和损伤。

案例分析

有趣的"洞洞"(中班)

活动目标

1. 认识身体上的一些"洞洞"(器官)，知道它们的功能。
2. 萌发保护"洞洞"的意识，知道一些保护"洞洞"的方法。
3. 喜欢观察与猜想，体验与同伴共同探索与交流的快乐。

活动重难点

1. 活动重点：认识身体上的"洞洞"，知道其功能。
2. 活动难点：学会保护"洞洞"的方法。

活动准备

1. 经验准备：幼儿已认识五官，知道其名称以及保护五官的简单方法。
2. 物质准备：白板、白板课件、眼罩 7 个、耳麦 6 个、安静标志贴纸若干、视频《鼻子作用大》。

活动过程

1. 游戏“猜一猜”——教师出示有关洞的图片，引导幼儿观察与猜想，激发幼儿参与活动的兴趣。

师：“你在生活中还见过哪些洞？这些洞是用来做什么的？”

师：“生活里有各种不同的洞，有大有小，有多有少，但每个洞都有它的本领。”

2. 引导幼儿了解身体上的“洞洞”，知道它们的功能。

(1)幼儿与同伴一起寻找身体上的“洞洞”。

(2)请幼儿在白板上操作寻找的结果。

师：“你找到了哪些‘洞洞’？它们叫什么名字？”

师：“这些器官有什么本领？”

教师根据幼儿的回答，利用白板演示“洞洞”(眼睛、鼻子、嘴巴、耳朵、肚脐等部分)的本领。

3. 游戏“生病的器官”——引导幼儿了解简单的自我保护方法。

(1)教师介绍游戏名字和玩法，请幼儿自愿组队体验游戏活动，感知眼睛、嘴巴和耳朵的重要性。

师：“你扮演的是哪个生病的器官？游戏中你发现了什么？”

(2)请幼儿说一说保护“洞洞”的方法，初步了解简单的自我保护方法。

师：“这些器官都很重要，有一个生病了，就会给我们的生活带来不便。那么，我们应该怎样做呢？”

(3)教师进行补充、梳理，加深幼儿对自我保护方法的理解。

三、学前儿童身体发育与保护教育应注意的问题

(一)科学解释与艺术解释相结合

所谓科学解释，是指教给幼儿的身体知识应该是科学的、符合实情的，不应对幼儿撒谎；所谓艺术解释，是指鉴于幼儿的认知水平和情感接受程度有限，有时必须要求教育者以隐喻的方式对身体知识加以说明。如常常令人感到棘手

的关于“生”与“性”的解释，教育者应以幼儿能接触到的身边生物为例，向其说明性现象在生物中普遍存在，人类并不特别，生殖器官只是人体的一部分。教育者在对待性问题时，应以平静的心态去面对幼儿，让幼儿知道男女在体力、体格等方面的不同点及男女合作对家庭和社会生活的重要性。

（二）讲解与体验相结合

幼儿在接受身体发育与保护教育时，常常会受到自身理解能力的限制而无法掌握特定的健康知识。例如，幼儿对身高、体重等相关“数”的概念难以理解，教育者就可以让幼儿通过定期体检来体验身高与体重的变化，加深对这些数字的认识，感受长大的乐趣。再如，生活中常有个别幼儿因疾病等原因使身体受到伤害，教育者可创造机会让其他幼儿倾听、观察患儿的痛苦，在培养幼儿同情心、同理心的同时，使他们感受到身体健康的重要性，引导幼儿愿意接受抵御疾病的各项保护措施，珍惜健康。

此外，教育者应经常创造条件让幼儿体验生活环境的变化，提高其适应环境变化的能力。应注意观察幼儿在新环境中饮食、睡眠、游戏等方面的情况，并采取相应的措施帮助他们尽快适应新环境。同时，教育者应每天为幼儿安排不少于两小时的户外活动，其中体育活动的时间应不少于一小时。经常组织幼儿一起玩拉手转圈、荡秋千等游戏，使他们适应轻微的摆动、颠簸和旋转，促进其平衡器官机能的发展。

（三）抽象与直观相结合

幼儿对纯粹抽象的知识讲解难以理解和记忆，而倘若教师能在讲解过程中恰当地结合直观的图像或实物，往往就能取得事半功倍的教学效果。所以在开展身体发育与保护教育的过程中，教学方式应以直观教育为主。例如，在介绍人体器官的教学过程中，首先让幼儿欣赏健康人体的美，如长长的睫毛下亮晶晶的眼睛、口腔内整齐洁白的牙齿等，然后再展示受到伤害的眼睛、龋齿等，强烈的对比更能激发幼儿对健康的向往。

第二节 学前儿童生活常规教育

学前儿童生活常规教育是幼儿拥有健康体魄的前提,也是学前儿童健康教育的重要组成部分。学前期是个体发展的关键时期,这一时期幼儿的神经细胞反应时间短,容易形成条件反射,即容易养成习惯。换句话说,处于这一时期的幼儿接受能力强,行为可塑性大,正处在养成良好生活自理能力的最佳时期。这一时期养成的良好习惯,很容易成为动力定型;反之,如若养成了不良习惯,以后要纠正就会相当困难。所以,抓住这一关键时期,实施与幼儿发展相适应的生活常规教育,将会使幼儿受益终身。

一、学前儿童生活常规教育的目标

(一)总目标

幼儿掌握生活的基本知识、规则和技能,形成乐观的生活态度、健康的生活方式及初步的生活自理意识,养成良好的生活习惯,具有一定的生活与学习能力,身心健康发展。

(二)各年龄阶段目标

学前儿童生活常规教育各年龄阶段的具体目标,详见表3-2。

表 3-2　学前儿童生活常规教育各年龄阶段目标

年龄阶段	教育目标
0—3 岁	1. 懂得上床后要闭眼入睡，醒来情绪好 2. 懂得要每天洗脸、洗脚，饭前便后要洗手；懂得手脏了要及时洗干净；能配合成人洗头、洗澡；不吃脏东西 3. 能自己试着学习脱、穿简单的衣服；能主动配合成人给自己穿衣、脱鞋；脱下的衣服、鞋等能放在固定的地方 4. 学习使用勺子，并自己主动试着吃饭 5. 懂得大小便前告诉成人，并逐步学会料理小便 6. 能在成人的帮助下耐心、细致地收拾自己的玩具
3—4 岁	1. 在提醒下，按时睡觉和起床，并能坚持午睡 2. 不用脏手揉眼睛，连续看电视不超过 15 分钟 3. 在提醒下，每天早晚刷牙 4. 在提醒下，饭前便后能洗手 5. 能将玩具和图书放回原处
4—5 岁	1. 每天按时睡觉和起床，并能坚持午睡 2. 知道保护眼睛，不在过强或过暗的地方看书，连续看电视不超过 20 分钟 3. 每天早晚刷牙，且方法基本正确 4. 能自己穿脱衣服、鞋袜，会系扣子 5. 能整理自己的物品
5—6 岁	1. 养成每天按时睡觉和起床的习惯 2. 主动保护眼睛，不在过强或过暗的地方看书，连续看电视不超过 30 分钟 3. 每天早晚主动刷牙，且方法正确 4. 能根据冷热自己增减衣物 5. 会自己系鞋带 6. 能按类别整理好自己的物品

二、学前儿童生活常规教育的内容

(一)幼儿园一日生活常规要求

幼儿园一日生活常规要求是在入园、盥洗、喝水、进餐、如厕等环节中对学前儿童提出的要求,其目的在于帮助幼儿习得生活的基本知识、规则和技能,养成良好的生活习惯,形成健康的生活方式。

以下是幼儿园一日生活中各个环节的常规要求,教师在执行过程中应根据幼儿的年龄特点和实际情况加以调整。

1. 入园

(1)入园时主动向周围的人问好,愉快地接受晨检。

(2)能在成人的指导下整理好自己的物品。

(3)入园后安静地玩玩具或看书,能够及时表达自己的需要和想法。晨间活动结束后,自觉将玩具、图书放回原处。

(4)如果当天是值日生,应提前到园,主动帮助教师整理活动室。

2. 盥洗

(1)有秩序地盥洗,不拥挤,不打闹,不玩水,保持衣服、地面干爽。

(2)饭前、饭后、便后或手脏时,能自觉用正确的方法洗手;洗手后用自己的毛巾将手擦干,自觉挂好毛巾。

(3)饭后、加餐后及时漱口。

3. 喝水

(1)喝水前自觉洗手。

(2)按要求接适量的水,安静地把水喝完。

(3)用个人专用的水杯喝水,喝完水自觉把水杯放回原来的位置。

(4)定时喝水,有需要时能够主动喝水。

(5)知道剧烈运动后应稍事休息再喝水;饭前饭后半小时少喝水。

4. 进餐

(1)餐前自觉洗手。

(2)用餐时坐姿端正,左手扶碗,右手拿勺筷。

(3)细嚼慢咽,饭、菜搭配着吃,不吃汤泡饭。

(4)愉快、认真地进餐,不边吃边玩,不大声讲话。

(5)用餐时不洒饭菜汤汁,能够保持桌面、地面、衣服干净。

(6)用餐后将骨头、残渣放到盘子里,将餐具放到指定地点,清理好自己的桌面。

(7)餐后擦嘴并漱口。

5. 如厕

(1)有大小便时主动如厕。

(2)逐步做到大小便自理,能自己脱裤子,能自己擦屁股。

(3)解便时不弄湿自己和同伴的衣裤。

(4)便后冲水,整理服装,自觉洗手。

(5)大小便有异常情况时主动告诉老师。

6. 午睡及起床

(1)安静地走入睡眠室,有序地脱下鞋子、外衣。衣服折叠整齐,摆放到指定位置。

(2)能配合教师做好午检。

(3)睡觉时姿势正确,不蒙头睡,不趴着睡,有大小便会自己上厕所。

(4)起床后,先穿好衣服,最后换好鞋子。

(5)逐渐学习整理床铺。

7. 活动区活动

(1)主动选择自己喜欢的玩具或活动。

(2)遵守游戏规则,爱惜玩具材料。

(3)活动后将玩具材料分类摆放整齐。

8. 教育活动

（1）活动中保持坐姿端正，专心倾听别人讲话，不随便插话，积极思考并大胆表述自己的想法。

（2）正确操作学习用具材料，操作完能将其放回指定地点并摆放整齐。

（3）写字、画画时姿势正确，上身与桌子保持适当的距离，双脚自然平放，上身不歪斜，眼物距离适当，握笔姿势正确。

（4）搬椅子时一手握椅背，一手托椅身，轻拿轻放，尽量不发出声音。

9. 户外活动

（1）活动前整理好自己的着装。

（2）懂得有序上下楼梯，不推不挤。

（3）做操时，听到做操音乐迅速排好队，认真做操，眼睛看老师示范，动作到位。

（4）器械活动时，正确使用活动器械，不争不抢，按活动规则安全活动。

（5）活动中有自我保护意识，身体不适时能主动告诉老师。

10. 离园

（1）离园前，整理好自己的仪表及个人物品，把椅子放在指定的地方。

（2）离园时能主动跟老师、小朋友说“再见”，跟家长一起离开幼儿园。

学前儿童的自控能力较差，各种行为习惯还在形成之中，很可能昨天表现得很好，今天却又出现了退步。因此，在进行生活常规教育时，教师要做好打“持久战”的思想准备，要明白学前儿童良好的行为习惯是长期培养的结果。

（二）学前儿童生活常规教育的主要内容

1. 独立进餐

（1）使用小勺的方法

幼儿在初学自己用勺子吃饭时，教师不要过分强调他们的握勺姿势，也不要强迫他们必须用右手拿勺。如果有个别幼儿出现用手抓饭菜的现象，教师也不要限制或批评他们，否则会影响他们的食欲，要给幼儿一个学习和适应的过程，慢慢引导他们学会自己用小勺吃饭。

当幼儿逐渐掌握用勺吃饭的方法后，教师可以再进一步规范其拿勺的姿势：握勺不要用手一把攥住，而要用拇指、食指、中指来固定勺柄，拇指放在勺柄的正面，食指放在勺柄的侧面，中指和其余两指放在勺柄的背面，手心略微朝上；一手拿勺，一手扶碗；每一勺不要舀得太多，以防洒落。

在小班幼儿入园初期，对于完全不会自己用勺进餐的幼儿，教师可以准备两把小勺，一把给幼儿使用，一把留给自己使用。教师先用自己的小勺模拟演示舀起一勺饭送入自己口中的过程，边做边进行讲解，并让幼儿跟着模仿。一开始，幼儿可能无法很好地掌握这一技能，饭菜经常吃不到嘴里。所以，教师应一边让幼儿自己练习，一边不断地用自己的小勺喂幼儿，保证幼儿能吃饱。

(2)使用筷子的方法

学习用筷子进餐是幼儿生活的必修课程。使用筷子需要一定的方法技巧，学习起来比较费时，教师需要有足够的耐心。指导幼儿学习使用筷子，可按以下步骤进行：

首先，教幼儿辨认筷子的头尾：较细的一端是筷子头，较粗的一端是筷子尾，告诉幼儿要用筷子头夹取食物；为方便幼儿使用，最好选用较短的木筷或竹筷，因为木筷或竹筷摩擦力较大，夹住东西后不容易滑掉。

其次，教幼儿拿筷子的正确姿势：将筷子头朝前，右手抓住筷子的中后部，拿起后如果发现两只筷子没有对齐，可将其在碗盘里戳齐。

最后，教幼儿使用筷子的正确方法：两根筷子同时从右手的大拇指和其余四指间穿过，上面的筷子靠在食指和中指之间，下面的筷子靠在无名指和食指之间，大拇指搭在两根筷子中间偏上的位置，靠中指和食指控制上面的筷子夹取食物。

此外，在训练幼儿使用筷子进餐的过程中，教师还应注意以下两点：

一要多鼓励幼儿。学前儿童初学使用筷子的方法时，容易出现动作不熟练的情况，例如，像使用勺子那样用手攥筷子、手捏筷子的位置太靠下等。这样的错误操作，很容易把食物撒得到处都是，进食速度也会很慢。对此教师要有耐心，不急躁、不批评，以鼓励为主，发现幼儿有所进步要及时给予表扬。如果有些幼儿不喜欢使用筷子，教师应允许他们继续使用勺子，然后利用各种机会逐渐引导其学会并喜欢使用筷子。

二要提高幼儿手指小肌肉的灵活性。幼儿自理能力的发展建立在身体动作能力发展的基础之上，尤其是手的动作能力。在进餐过程中，教师除了要培养幼儿使用餐具的能力之外，还应鼓励幼儿尽量多动手为自己服务，比如鼓励幼儿自己剥鸡蛋皮、切黄瓜等。教师还可以在活动区为幼儿提供相应的游戏材料，供他们练习。例如，先让幼儿用筷子夹爆米花、软糖等不容易掉落的东西，等他们熟练后再将爆米花或软糖换成花生米、黄豆等比较光滑的东西，逐渐增加游戏的难度。

案例分析

萱萱吃饭

个案实录

每天吃饭萱萱都是最后一个吃完，还总吃得嘴上、身上、桌上、椅子上、地上到处都是。尽管我已经教过她用筷子进餐的方法，但是她用起筷子来还是比较困难。我对她进行了连续多天的观察，发现萱萱拿筷子的姿势不对，手控制不住筷子，当她的头靠近碗边，试图用筷子往嘴巴里拨饭时，米粒总是不停地从嘴边“溜”出来，饭菜洒落得到处都是；她还时不时地碰倒饭碗和汤碗。于是，我和她坐在一起，着重教她正确地使用筷子；吃饭时并不催促她，而是鼓励她慢点夹菜，慢点拨饭，即使她吃得很慢，我仍旧给予表扬：“米粒都不跑出来了，真好！明天我们试试吃快点，好吗？”当萱萱进入游戏区时，我请她拿筷子给“宝宝”喂饭，请她到“点心店”拿筷子吃“馄饨”和“汤圆”，鼓励她玩用筷子夹弹珠的游戏。

此外，我和萱萱的奶奶进行了交流，了解到在家吃饭时，奶奶嫌萱萱吃得慢，都是由她喂萱萱吃饭。我向奶奶反映了萱萱在幼儿园的情况，并让她了解到孩子使用筷子对脑部发育等方面的重要性，说服奶奶不要再喂萱萱吃饭，尽量让萱萱自己吃。慢慢地，萱萱用筷子用得越来越熟练，其他方面的能力也进步了不少。

分析与反思

中班的幼儿已具有较强烈的自己的事情自己做的愿望，主动性、独立性开始萌生。这个时期的幼儿能独立穿脱衣服，会使用餐具独立进餐，会叠被子。但在本案例中，我们看到萱萱的奶奶剥夺了孩子锻炼独立吃饭的机会。老师及时发现这一情况并有效引导，利用幼儿想要独立做事的心理需求，让萱萱用筷子慢慢夹菜、拨饭，在操作的过程中，孩子感受到了自己的进步，也体验到了成功的快乐。

幼儿的手部肌肉发育尚未成熟，手眼协调能力差，从事某种单调的、时间久的、需要手部协调的活动时，很容易产生疲劳与挫折感。彼德·克莱恩曾经指出，学习充满乐趣时，才会更有效。老师引导幼儿给“宝宝”喂饭、到“点心店”吃“汤圆”、用筷子夹弹珠等，都是为了让幼儿在快乐的游戏过程中，获得能力的提升。

指导策略

1. 教师给予机会，幼儿满足愿望

(1) 比如区角的收拾整理工作，如果教师能给予幼儿充分的表现机会和足够的耐心，幼儿将非常乐意主动完成这些工作，因为这对他们来说和玩一样有趣。

(2) 午休起床的时候，给幼儿留出足够的时间穿衣服、穿鞋子、叠被子。虽然教师能直接帮助幼儿完成这些事情，但教师的包办无形中就会剥夺幼儿自理的权利，让幼儿学会自理才是教师能为幼儿做的最重要的事。

(3) 在家时，家长要相信幼儿能做好自己吃饭，自己刷牙、洗脸，自己取放玩具、图书等日常小事，让幼儿感受到当“小大人”的自豪与满足。

2. 教师给予帮助，幼儿掌握技能

(1) 教师要留心观察幼儿，当消极情况出现时，要了解原因并及时提供有针对性的帮助。本例中，萱萱进餐出问题的原因就在于她没有掌握拿筷子的技能。于是，教师就坐在她旁边陪她吃饭，适时给予针对性的帮助，使她逐渐掌握该技能。

(2) 为幼儿创设安全、愉快的游戏环境。教师利用游戏的形式，帮助萱萱掌握拿筷子的技能，在潜移默化中，萱萱完成了从简单到复杂、从笨拙到熟练的训练过程。

3. 教师给予肯定，幼儿萌生信念

(1)本例中，虽然萱萱吃饭速度很慢，但老师还是给予她足够的时间等她慢慢完成，肯定她的点滴进步，使萱萱感到“我可以……”“我能……”，逐渐树立了自信心。

(2)当然，在肯定的同时，教师还应顺势提出更高的要求，不断提升幼儿的能力。在萱萱初步掌握了拿筷子的技能后，教师对她提出了“明天我们试试吃快点”的要求，使她萌生了“我能做得更好”的信念。

【案例来源】白运华. 幼儿园教育活动案例分析[M]. 北京：北京理工大学出版社，2015.

2. 盥洗

(1)洗手

①用游戏的方式教幼儿正确的洗手方法

为了激发幼儿学习洗手的兴趣，教师可以借助有趣的儿歌，或以游戏的形式让幼儿边玩边学，边做边学。比如，带领小班、中班幼儿学习洗手的正确方法；洗完手后，教师可以和幼儿一起讨论：如果不好好洗手，会有什么后果呢？

案例分析

洗手儿歌《我会洗小手》

饭前便后要洗手，打开水龙头，淋湿小手手，
摸下小肥皂，正搓反搓出泡泡，
再用清水冲下手，小手甩三下，关紧水龙头，
节约用水很重要，做个讲卫生的好宝宝。

案例分析

洗手儿歌《小手变成"馒头花"》

饭前便后要洗手，
我和肥皂握握手，泡沫白花花！
我和清水握握手，清水哗啦啦！
我和毛巾握握手，水珠不见啦！
两只小手握一握，变成一朵"馒头花"。

②教师指导要点

第一，为了避免幼儿洗手时弄湿衣袖，教师在指导幼儿洗手时，要提醒他们双手略向下倾斜，避免水顺着手臂倒流，弄湿衣袖。此外，提醒幼儿在秋冬季节洗完手后，要及时擦护手霜，防止手部干裂。

第二，幼儿饭前便后以及外出游戏归来后，教师都应及时督促他们洗手，使幼儿逐渐养成勤洗手、随时保持手的清洁的良好习惯。教师还可通过设计教育活动、开展保健知识讲座等方式，让幼儿了解洗手的重要意义。

第三，教师要帮助幼儿养成洗手前卷袖子的习惯，以免幼儿在洗手时弄湿衣袖。

(2)洗脸

①用游戏的方式教幼儿正确的洗脸方法

在寄宿制幼儿园，洗脸是幼儿生活中必不可少的一个环节。在日托幼儿园，幼儿脸脏了或天气很热时，洗洗脸也会感到很舒服。但刚开始时，幼儿往往不会把脸洗得很干净，也掌握不好拧毛巾的方法。因此，教师要教会幼儿如何正确地洗脸，洗脸时应该注意哪些问题。

案例分析

洗脸儿歌《我是快乐的小司机》

我是一个小司机，出车之前洗一洗。
先来洗洗小车灯（眼睛），再来擦擦小油箱（嘴巴），
左擦擦，右擦擦，横着再来洗一洗，
小小司机上路了，三环四环跑呀跑（鼻子周围），
看看北京新面貌，五环六环绕大圈（额头、脸蛋、下巴），
开到一座小山旁（耳朵），前转转，后转转，
钻进一个小山洞（耳朵眼），小小司机要回家，
上坡了，下坡了（脖子），嘀嘀嘀，小司机回家了！

②教师指导要点

第一，教幼儿正确的洗脸方法时，建议中小班教师以边说儿歌边游戏的形式组织教学，带领幼儿学习洗脸、拧毛巾等动作。教师还可以将正确的洗脸步骤图贴在盥洗室的墙面上，提示幼儿正确的动作顺序。

第二，可通过讨论等活动，让幼儿了解按顺序洗脸的好处。前额、眼角、鼻孔、口周围、下巴、耳朵、脖子等处是幼儿洗脸时经常遗忘的地方，教师应及时提醒幼儿。

第三，组织幼儿洗脸前，应指导有鼻涕的幼儿用正确的方法将鼻涕擤出。（擤鼻涕时应用手指按住一侧鼻孔，轻轻将另一侧鼻孔内的鼻涕擤出，不可太用力。）

第四，让幼儿学会在洗脸后自己整理衣领和袖口。中大班幼儿在洗脸时，要能做到不打湿衣服和节约用水。

（3）漱口

漱口是保持口腔清洁的常用办法，教师可以借助有趣的儿歌以及生动形象的图片，教会幼儿正确的漱口方法，帮助幼儿养成饭后漱口的良好习惯。

一般来说，幼儿漱口的步骤为：①取出自己的水杯；②走到饮水机旁，接半杯水；③端稳水杯，轻轻走到盥洗室；④喝一口水，含在口中，闭紧嘴；⑤鼓起两

腮，反复鼓漱三到五次；⑥低下头，在水池内轻轻把水吐出来；⑦重复上面两个步骤的动作三次；⑧用干毛巾把嘴上的水滴擦干。

在漱口结束后，提醒幼儿将水杯放入贴有自己标记的水杯格中，水杯把儿朝外放置，方便下次喝水时取用。对于不认真漱口的幼儿，教师可以引导他们观察吐出来的漱口水中的残渣，帮助幼儿感受漱口的重要性。

案例分析

漱口儿歌

手拿小水杯，喝口清清水。
仰起头闭上嘴，快学青蛙吐出水。
不要学那大白鹅，身上衣服都是水。

(4)刷牙

早晚刷牙是预防幼儿龋齿的重要途径，教师应使幼儿掌握正确的刷牙方法，培养幼儿良好的刷牙习惯。

①刷牙的正确方法

刷牙前：将牙刷用水浸泡一会儿（或者用清水涮一涮），然后挤上豌豆大小的牙膏。

刷牙时：牙刷毛束与牙面成45°角，转动刷头，上牙从上往下刷，下牙从下往上刷，上下牙咬合面来回刷。

刷牙后：用清水把嘴漱干净，漱口时要把水含在口腔中用力咕嘟几下，使牙齿的各个面都能得到充分冲洗。

案例分析

刷牙儿歌

上面牙齿往下刷，下面牙齿往上刷；

咬合面要前后刷，里里外外都要刷；
每个牙面刷十下，早晨刷来晚上刷；
刷得干净没蛀牙，牙齿洁白笑哈哈。

②教师指导要点

第一，挤牙膏时，提醒幼儿从后向前挤，牙膏量以豌豆粒大小为宜。幼儿在练习刷牙阶段，可以暂不使用牙膏；刷牙时，幼儿头要略低，以免刷牙水流到身上；刷牙后，把牙刷冲洗干净，甩干牙刷上的水，刷毛朝上放置在漱口杯中，保持刷毛干燥。

第二，教师可以用边说儿歌边做示范的形式，借助牙齿模型，带领幼儿学习正确的刷牙方法。教师还可以引导幼儿认识牙齿，通过讲故事、观察漱口水等方法，让幼儿认识到认真刷牙的重要性，提高幼儿主动保护牙齿的意识。

第三，教师应督促幼儿认真刷牙，尤其是牙的内面。

3. 如厕后的自理

随着幼儿自理能力的增强，教师可以鼓励幼儿学习自己擦屁股，引导幼儿自主完成如厕环节。对于确实有困难的幼儿，教师可以提供帮助。教师要尝试通过讲故事、说儿歌、集体讨论等多种形式，使幼儿知道大便的规律、便后及时洗手对人身体健康的好处等。

在如厕习惯的培养上，教师要注意引导幼儿做到以下几点。

(1)知道早晨、午睡起床后，午睡、晚睡上床前，应如厕小便；懂得及时如厕，不憋大小便有利于身体健康。

(2)在较长活动前，能够主动如厕，做好活动准备。

(3)能在规定的便池(便盆)大小便；小便时看准便池(便盆)，不尿在外边。便后自觉冲厕所，自己整理好衣服。

(4)知道定时大便对身体的好处，养成定时大便的习惯。中大班幼儿学习便后自己擦屁股，提示女孩小便后也要擦屁股(要从前至后擦拭)，便后自觉洗手。

(5)大小便如有异常，能主动告诉老师。

案例分析

健康排便身体好(中班)

活动目标

1. 初步了解正常大便与良好的饮食习惯之间的关系,知道要均衡饮食,防止便秘。

2. 增强每天按时排便的意识,养成良好的健康饮食习惯。

活动重难点

1. 活动重点:了解正常大便与良好的饮食习惯之间的关系。

2. 活动难点:养成良好的健康饮食习惯。

活动准备

1. 经验准备:初步了解食物在人体内消化的过程。

2. 物质准备:肉泥、蔬菜泥、果泥;小盘、塑料碗、牙膏管、黑板、幼儿大便记录表。

活动过程

1. 初步了解大便与饮食之间的联系。教师出示大便记录表,结合大便记录表进行分析,引导幼儿发现不同大便情况与不同饮食情况的联系。

(1)让幼儿观察大便记录表,介绍自己的大便情况,并发现与别人排便情况的不同。

提问:你们的大便记录是一样的吗?哪里不一样?

(2)教师统计全班幼儿的大便情况,引导幼儿分析"为什么每个人的大便情况会不一样?""为什么有的人会便秘?"引导幼儿初步发现饮食情况与大便情况是有联系的。

小结:不健康的饮食习惯会导致便秘。

2.操作活动"食物去旅行",进一步了解正常大便与健康饮食的关系,知道均衡饮食的好处。

(1)教师介绍操作材料与方法,引起幼儿的兴趣。

提示:分别有蔬菜、水果、肉三种食物,请你们将自己喜欢吃的食物放在"小肚子里"(牙膏管),试一试哪种能更顺畅地挤出来?

(2)幼儿自选材料进行操作、体验,感知大便与饮食的关系。

(3)幼儿互相交流自己的发现,说出自己的感想。

(4)教师梳理、总结幼儿的发言。

小结:肉里面缺少水分和粗纤维,肉吃得太多,小朋友排便就会很吃力。将肉和蔬菜、水果搭配着一起吃,排便就会顺畅。

3.联系实际,说一说怎样排出健康的大便。培养幼儿均衡饮食的意识,使其知道要均衡饮食,防止便秘。

讨论:从饮食上来说,我们应该注意些什么?

小结:要均衡饮食,多吃粗纤维的蔬菜和水果,多饮水,养成每天排便的好习惯。

4.穿脱衣服和鞋袜

能独立穿脱衣服和鞋袜是学前儿童自理能力发展的重要表现。随着幼儿年龄的增长,幼儿穿脱衣服和鞋袜的自理能力会逐渐增强。对于小班幼儿来说,由于其手部精细动作的控制力仍未充分发育,他们还需要在教师的协助下学习如何穿脱衣服和鞋袜。为了培养幼儿良好的生活习惯,教师应教会幼儿用正确的方法穿脱衣服和鞋袜。

(1)穿衣服的正确方法

让幼儿先双手抓住衣服的领子,再把衣服翻过来顶在头上,然后把两只手伸进袖筒里。扣扣子是个比较复杂的过程,需要教师引导幼儿反复练习,直到幼儿学会独立扣扣子。幼儿穿好衣服后,两手顺着衣服前襟的底边抓住两个下角,把两个角对齐,从最下面的扣子开始扣,从下往上把扣子扣好。

(2)脱衣服的正确方法

脱开衫时,幼儿应先解开纽扣或拉开拉链。解纽扣时从上往下解;拉拉链时教师要提醒幼儿一只手向外拉着点衣服的前襟,用另一只手拉拉链,这样做可以防止出现拉链刮蹭、夹伤皮肤的情况。解开纽扣或拉开拉链后,幼儿双手攥着衣襟向后拉,将衣服脱至肩下,然后自己脱下衣袖,有困难的幼儿可以请老师或其他伙伴帮助拽着衣服的袖子脱下开衫。

案例分析

火车钻山洞(小班)

活动目标

幼儿学会穿脱衣服。

活动过程

1. 教师说:"变变变,今天我变成了一列小火车。我最喜欢钻山洞了,看看这些山洞一样吗?哪个大?哪个小?"(引导幼儿认识衣服领子、下摆、袖子的位置。)

2. 教师示范钻山洞的方法:"我是一列小火车,轰隆轰隆钻山洞(拿好衣服的下摆),呜——,先钻一个大山洞(先套头),呜——,再钻两个小山洞(胳膊伸进两只袖子),呜——,我的火车开走了(整理、抻平衣服)。"

3. 请幼儿做火车钻山洞的游戏。幼儿边学穿衣服,教师边给予其鼓励,使幼儿体会自己做事的快乐。

附:儿歌两则

《穿开身外衣》

抓领子,盖房子,
小老鼠,钻洞子。
左钻钻,右钻钻,
吱吱吱,上房子。

《穿套头外衣》

大洞进,小洞出,
两列火车出洞喽!

(3)穿鞋的正确方法

教师首先要帮助幼儿学会分清鞋的左右,以免幼儿穿反鞋。针对中小班幼儿的特点,教师应提醒家长为幼儿穿不需要系鞋带的鞋;到了大班以后,教师可以鼓励幼儿多多练习自己系鞋带。

系鞋带的方法可以总结为“一个结,两个环,再一个结”。

一个结:让幼儿的两只手分别抓住鞋带的两头,两边交叉(哪一边在上都可以),把上面的鞋带弯下来插到下面的鞋带下,然后把鞋带两头往两边拉紧。

两个环:用鞋带两头各做一个大环,一手拿住一个环,这两个环很像兔子的两只耳朵。

再一个结:两只“兔耳朵”交叉,把上面的环塞进下面的环里,然后把两个环分别向外拉,直到把鞋带系紧。

三、学前儿童生活常规教育的方法及应注意的问题

(一)学前儿童生活常规教育的方法

1.示范讲解法

示范讲解法是生活常规教育中最基本的方法。落实规范性的常规要求是离不开示范讲解法的。对于那些需要幼儿掌握的生活规则和技能,教师可以通过示范和讲解,让幼儿在不断的学习和模仿中逐渐习得,最终养成良好的行为习惯。示范讲解法又分为整体示范讲解和分解示范讲解两种。对于幼儿感觉比较容易的生活规则及技能,一般可使用整体示范讲解法;而对于幼儿感觉复杂困难的生活规则及技能,则必须进行分解示范讲解,让幼儿先分步学习和模仿,然后再进行整体示范讲解,循序渐进地增加学习的难度。

2. 操作法

操作法是生活常规教育中最重要的方法，也是养成教育的主要方法。幼儿必须通过反复不断的操作练习，才能习惯成自然，把生活常规转变为自觉的行为习惯。

3. 集中训练法与个别指导法

在生活常规教育中，集中训练与个别指导不可分割，必须结合使用。在集体生活中，每个幼儿都应该遵守生活常规，否则就会给集体带来不良的影响。因此，教师往往通过集中训练的方式传授给幼儿生活常规知识和技能。同时，由于幼儿间存在着个体差异，教师还需要给予个别幼儿适当的单独指导，以使每位幼儿都能掌握这些知识和技能。

4. 随机教育法

随机教育法就是利用偶发事件进行及时、灵活的教育。幼儿年龄小，认知水平低，生活经验少，且个体差异显著，常会有意外事件发生。因此，在日常生活中，教师常常需要运用随机教育法对幼儿进行教育。随机教育的关键是“发现”，这种教育方法要求教师具有灵敏的反应能力，善于捕捉和利用即时出现的偶然的、稍纵即逝的教育机会。在生活实践中，随机教育的契机很多，其内容可涉及生活规则、生活常识、生活技能、个性表现等多个方面；随机教育的方法也是多种多样的，要针对不同的事件，运用不同的方法进行相应的处理。

（二）学前儿童生活常规教育应注意的问题

1. 适时进行

针对幼儿生理、心理发育的特点，适时对其进行生活常规教育。教育者可采取生动有趣的方式，运用亲切鼓励的语言，使幼儿在其解剖生理达到一定水平、具备某种心理需求时，适时地接受科学的生活常规教育。

2. 注重年龄及个体差异性

在生活常规教育内容的选取上，要注重年龄差异。一般来说，小班的生活要求最为基本，也相对简单，而中、大班的要求则在小班基础上逐渐加大难度、增多内容，体现出循序渐进、螺旋上升的规律。同时，由于同一年龄段幼儿的发育水平在个体间存在着差异，所以教师要根据不同的教育环节、内容，给予个别幼儿耐心细致的指导和帮助。

3. 要求应具体且规范

幼儿的认知与操作能力较差，所以，对于生活常规的要求应具体且易操作，能够使幼儿逐渐形成良好的生活习惯。

4. 保育与教育相结合

幼儿园生活常规教育应以保育与教育相结合的方式进行，借助保育的辅助手段以更好地实现教育的目的。

5. 持之以恒

幼儿的发育特点导致健康教育的效果往往是潜在的，有时已建立的某种健康行为很快就又改变了。因此，良好的生活习惯及自理能力的形成是一个日积月累的过程，只有持之以恒才能真正达到预期的效果。

6. 一致性

在培养幼儿行为习惯的过程中，对幼儿有统一的要求十分重要。它体现在教师之间的一致性、教师与保育员之间的一致性及家园之间的一致性等方面。统一的要求不仅能避免幼儿的无所适从，同时也能增加幼儿练习的机会。

7. 注重榜样的作用

幼儿的模仿能力极强，在行为习惯养成的过程中，家长、教师、同伴或周边其他人的行为举止都会对其产生很大的影响；同时，幼儿接触的电视、广播、书籍中的人物形象对其也有很强的榜样作用。所以，教育者不仅要注意自身的素质，同时还要为幼儿选择适合的人文环境，促进幼儿的健康成长。

8. 经常鼓励

鼓励幼儿做力所能及的事情，不论幼儿做得好坏都给予其适当的肯定，不因其做得不好或做得慢而包办代替,以免剥夺幼儿发展自理能力的机会。

9. **提供有利的条件**

为幼儿提供培养生活自理能力的适宜条件,如提供一些纸箱、抽屉,供幼儿收拾和存放自己的玩具、图书或生活用品等;幼儿的衣服、鞋子要简单实用,方便幼儿自己穿脱。

第三节 学前儿童饮食与营养教育

一、学前儿童饮食与营养教育的目标

(一)总目标

幼儿获得饮食与营养方面的基本知识,掌握饮食的方法和技能,形成有关饮食与营养的正确观念,养成良好的饮食习惯,促进身体健康。

(二)各年龄阶段目标

学前儿童饮食与营养教育各年龄阶段的具体目标,详见表3－3。

表 3-3　学前儿童饮食与营养教育各年龄阶段目标

年龄阶段	教育目标
0—3 岁	1. 喜欢吃各种食物，不挑食、不偏食 2. 学习使用勺子，试着练习自己吃饭
3—4 岁	1. 认识常见食物，喜欢吃瓜果、蔬菜等新鲜食物。知道健康的身体需要营养，知道多种常见的富有营养的食物 2. 知道不干净的食物不能吃，初步养成饭前洗手、饭后漱口的习惯 3. 愿意饮用白开水，不贪喝饮料 4. 能熟练地用勺子吃饭 5. 初步形成良好的饮食习惯，不偏食、不挑食；能安静愉快地独立进餐；在成人的帮助下，能将饭菜吃干净；不用手抓饭，不乱扔食物
4—5 岁	1. 知道常见食物的名称，知道消化器官"胃"的名称和作用。喜欢吃瓜果、蔬菜等新鲜食物，知道吃多样的食物有利于身体健康 2. 知道好吃的东西也不宜多吃，肥胖儿、消瘦儿有自觉控制饭量的意识 3. 愿意喝白开水，不贪喝饮料，不贪吃冷饮 4. 能用筷子吃饭，学会自己收拾餐具 5. 不偏食，不挑食，不暴饮暴食；能轻松愉快地进餐
5—6 岁	1. 初步了解一些营养知识，知道垃圾食品会影响健康，能拒绝垃圾食品 2. 能初步分辨食物的好坏，懂得变质的食物不能吃 3. 饭前、饭后不做剧烈运动；知道饭前剧烈运动会影响食欲，饭后剧烈运动会影响消化 4. 愿意主动饮用白开水，不贪喝饮料 5. 能熟练地使用筷子 6. 懂得肥胖、消瘦都是不健康的表现，能根据健康需要控制自己的饭量 7. 进餐时保持愉快和安静，吃东西时细嚼慢咽，有意识地克服偏食等不良饮食习惯

二、学前儿童饮食与营养教育的内容

(一)学前儿童饮食与营养教育的主要内容

学前儿童饮食与营养教育的重点在于让学前儿童了解人的成长与身体健康必须依靠食物;懂得身体需要多种营养素,应该广泛摄取不同的食物;初步了解烹饪食物的基本方法;养成良好的饮食卫生习惯;了解不同地区饮食文化的多元性。学前儿童饮食与营养教育的主要内容如下:

1. 学习浅显的食品营养和饮食卫生知识

使幼儿初步了解不同食物的名称、形状、色彩、质地等外部特征;初步了解人体所需要的基本营养素及各种营养素与人体健康的关系;形成广泛摄取食物,保持身体健康的饮食营养意识。

2. 培养良好的饮食行为习惯

让幼儿了解不良的饮食行为习惯对人体健康的危害,通过反复提醒、练习,帮助他们建立良好的饮食行为习惯,如饭前洗手、饭后漱口、安静用餐、不吃不洁食物、不乱吃零食等。

3. 形成合理膳食的积极态度

让幼儿懂得营养不良对身体健康的危害,并能根据身体需要适当地控制饮食;防止幼儿厌食、偏食和挑食。

4. 掌握独自进餐的方法和技能

让幼儿在饮食过程中掌握基本的方法和技能,如正确使用勺子、筷子、碗等餐具的技能,拆、吐鱼刺的技能,剥虾壳的技能,提高其饮食自理能力。

5. 养成文明的饮食习惯

让幼儿从小懂得在群体中应有的饮食礼仪,如在进餐过程中讲究餐桌卫生,在吃自助餐时能按需取食,不浪费食物;同时,可以让幼儿学习和练习使用一些基本的进餐礼貌用语。

6. 了解简单的食物处理及烹饪方法

让幼儿了解食物的来源及加工制作、保存的方法;通过动手操作,使幼儿对食品制作有所了解,丰富幼儿的生活经验。

案例分析

蔬菜王国(中班活动)

活动目标

1. 培养喜爱蔬菜的情感,形成愿意多吃蔬菜的意识。

2. 能够初步掌握正确的切菜方法,会自己动手做蔬菜沙拉,有安全卫生意识。

3. 愿意将自己做的蔬菜沙拉与大家分享,体验成功的快乐。

活动重点

本次活动的重点是激发幼儿喜爱蔬菜的情感和愿意多吃蔬菜的意识。根据幼儿身心发展和学习的特点,教师通过引导幼儿参与看动画、玩游戏、做蔬菜沙拉等一系列活动,使其体验和感受本次活动所带来的快乐,在不知不觉中接受营养健康教育。

活动难点

本次活动的难点是如何使幼儿掌握正确拿刀和切菜的方法。幼儿缺乏拿刀和切菜的经验,安全意识较差。为了安全起见,教师有意选用了适合幼儿使用的能开合的小刀。为了降低幼儿切菜的难度,教师把洗干净的菜提前切成长条形再分发给幼儿,通过示范和及时纠正等方法,指导幼儿用正确的姿势拿刀和切菜，以此来突破活动难点。

教法运用

在本次活动中，教师本着灵活多样、生动有趣、适合幼儿年龄特点的教学方法能够充分调动幼儿参与活动的积极性和主动性的原则，运用启发诱导、示范、游戏等方法组织教学活动，使幼儿在活动中始终保持着浓厚的学习兴趣，积极思考，主动参与，从而收获良好的学习效果。

学法指导

幼儿好奇、好动，喜爱游戏，愿意动手操作。本次活动通过让幼儿看看、想想、说说、玩玩、做做、尝尝等多种方式，丰富了幼儿对蔬菜的认知经验，激发了幼儿愿意多吃蔬菜的意识。

教学程序展示

本次活动分为四个环节来进行。

1. 观看动画片

幼儿特别喜欢看动画片。因此，教师挑选了一部与本次活动内容相契合的动画片，将动画内容融入到活动环节之中，让幼儿通过观看动画片，自己去观察、感受不吃蔬菜给身体带来的危害。教师使用启发诱导法层层提问，步步深入，使幼儿逐步理解动画片中两兄妹从不爱吃蔬菜到喜欢吃蔬菜的变化过程。这时教师简单小结：小朋友不但要吃肉，还应该多吃蔬菜，不挑食，这样才会变得更加聪明健康。

2. 巩固对蔬菜的认识

(1)观看录像“菜市场的蔬菜”

通过观看菜市场的录像，充分调动幼儿已有的生活经验，使其熟悉自己认识的蔬菜，了解还不认识的蔬菜。这样的方式更贴近于幼儿的生活，幼儿更乐于接受，同时也为下面的游戏做了隐性铺垫。

(2)游戏“蔬菜商店”

游戏是幼儿最喜爱的活动。为了进一步丰富幼儿对蔬菜的认知经验,培养幼儿对蔬菜喜爱的情感,教师设计了“蔬菜商店”的游戏,通过游戏充分调动幼儿已有的生活经验,让幼儿在游戏中既能积极动脑思考,又能玩得开心。

3. 动手做蔬菜沙拉

在这一环节中,指导幼儿如何正确地用刀切菜是活动的难点。教师通过游戏化的讲解示范,教会幼儿正确拿刀和切菜的方法;引导幼儿思考怎样用刀才不会伤着手,更安全;引导幼儿思考做菜之前应该注意哪些问题,从而培养幼儿的安全意识和卫生习惯。在活动中,幼儿通过自选蔬菜、自己切菜、自己做蔬菜沙拉,进一步丰富了生活经验,充分体验到成功的快乐。幼儿情绪高涨,在做一做、尝一尝的过程中将活动推向了高潮。

4. 拓展部分

现在有许多幼儿喜欢吃独食,为了让幼儿学会与他人分享,教师设计的结束语是:“小朋友们真棒,自己会做蔬菜沙拉了,我们请小伙伴和客人老师尝尝你们的手艺怎么样?”在优美的乐曲中自然结束本次活动。

(二)学前儿童饮食与营养教育活动的设计

学前儿童饮食与营养教育的活动过程一般可分为“导入部分”“基本部分”“结束部分”。“导入部分”的作用在于吸引幼儿的注意力,调动幼儿的兴趣和情绪,经常采用的导入方法有直接导入、经验导入和激趣导入等。“基本部分”中,教师要考虑活动环节的先后顺序;要考虑何时及如何提问,以促使幼儿积极思考;要考虑手段和方法的选择运用,以激发幼儿在活动中的主动性。教师的活动设计是有目的、有计划、有步骤的活动,是对教学过程的大致预演,而在实际教学中,还会不断出现新的情形、新的问题和新的教育机会,这就要求教师在教育活动中不仅要注意既定目标的达成,还要注意教育活动的生成,敏锐发现新的、有价值的教育契机。

1. 开始部分

以情境表演、讲故事、观察图片或实物、谈话等形式导入活动。

2. 基本部分

(1)调动幼儿的各种感官,让幼儿充分认识各种常见的食物和基本营养素。

(2)使幼儿初步了解各种常见食物的营养价值,以及它们对人们身体的好处。

(3)讨论环节:你喜欢吃什么?用不同的形式组织幼儿交流和分享经验,让幼儿懂得人的身体需要各种各样的营养。

(4)使幼儿初步了解偏食、挑食的危害。教育幼儿要多吃蔬菜、水果、粗粮等健康食品,平时的饮食要合理搭配,做一个不挑食的好孩子。

3. 结束部分

(1)动手操作:让幼儿制作几种简单的蔬菜、水果拼盘,体验劳动的乐趣。

(2)组织幼儿观看多媒体课件、学习儿歌、玩角色游戏等,巩固所学的健康知识。

(3)教师随机总结。

案例分析

自助配餐(大班)

活动目标

1. 初步懂得人们需要吃多种多样的食物,这样才能营养全面,身体健康。
2. 初步学会合理搭配一餐的饭菜,能做到不挑食、不偏食。
3. 能分析评价自己和别人的配餐,提高合作交流能力。

活动准备

1. 设置好自助餐厅的环境,不同种类的食物教具各摆一盘,如米、面、杂粮、鸡肉、猪肉、鱼、鸡蛋、青菜、红萝卜、海产品等。

2. 教师了解幼儿平时的饮食习惯，幼儿有没有随父母去菜市场或超市买菜的经验。

3. 邀请保健医生作为本次活动的特邀嘉宾（或者由教师扮演保健医生）。

4. 评选用的红牌道具每人2个。

活动过程

1. 以游戏导入，激发幼儿兴趣

(1) 教师以餐厅经理的身份出现，介绍自助餐厅，引起幼儿兴趣。

(2) 教师介绍自助餐厅里的各种食物、餐具及用餐方法。

小结：自助餐是指在用餐时到餐台上自选、自取食品及饮料的吃法，强调自我服务；自助餐的餐食主要包括主食、配菜、饮料、水果、甜点等。

2. 幼儿自选食物，进行第一次自助配餐

(1) 教师："平时都是大人给小朋友们配餐，今天请小朋友们自己配餐。想一想，要怎样选、怎样配，才能吃得又饱又好？"

提出要求：每个幼儿只能选两种主食、三种菜。

(2) 幼儿互相介绍自己的配餐方法（几乎都只选了自己爱吃的菜）。

(3) 引导幼儿讨论"怎样配餐才能对身体健康更有益"。

3. 请保健医生来介绍营养配餐的相关知识

(1) 保健医生或教师可充分利用多媒体教学设备，边演示边进行生动形象的讲解，让幼儿初步懂得每种食物都有不同的营养成分，而人体的健康需要各种营养。所以，在配餐的时候要注意各类食物都要有一些，要有主食、有荤菜、有素菜，不能偏食、挑食，也不能吃得太多，要保持营养的全面与均衡，这样才不会生病，小朋友才能健康长大。

(2) 引导幼儿共同讨论出营养配餐的原则。

4. 幼儿进行第二次自助配餐，巩固对营养平衡的认识

(1) 请幼儿根据营养配餐的原则，评价自己第一次配餐少了什么、多了什么。

(2) 幼儿再次自选食物，调整配餐。

5. 评选"最佳配餐"

让幼儿认真观察其他小朋友的自助配餐方式，根据配餐原则给自己认为搭

配合理的配餐发红牌。

6. 教师小结或幼儿自评

三、学前儿童饮食与营养教育中应注意的问题

(一)结合学前儿童的生理及心理发育特点

对学前儿童的教育必须注重趣味性,要具体而形象化,饮食教育自然也不例外,生动有趣的形式能使幼儿在轻松愉悦的气氛中理解饮食与营养方面的知识。对于挑食、少食的幼儿,教育者应根据幼儿的身体状况及性格特点,有分寸地处理好坚持与妥协的度,既要保证幼儿的身体健康,同时避免强迫性进食导致其产生厌食心理;应采取多种积极有效的方法,如:创造良好的进餐环境;控制好零食量;充分利用群体效应,让幼儿受到同伴的积极影响而主动改变自己的不良饮食习惯。

(二)营造良好的饮食教育环境

整洁、清新的进餐环境和温馨、宽松的氛围,有助于幼儿餐前做好积极的生理和心理准备,有利于幼儿良好饮食习惯的培养。为调动幼儿进餐的积极性和主动性,达到愉快进餐的目的,教育者在幼儿进餐时要用亲切适宜的语言,将色香味美的各种菜肴介绍给幼儿,使其通过视觉、嗅觉和味觉的多重享受,体会到进餐的乐趣。教师应关注每一个幼儿的饮食情况,及时发现异常并查找原因,使幼儿在心理上感受到自己是被老师关注和喜爱的,从而乐于接受教师的建议。进餐时,还可以播放一些优美动听的音乐,调动幼儿的积极情感,从而促进幼儿食欲的提高。

(三)注重榜样的作用

幼儿已经开始有自己崇拜的偶像,并喜欢模仿偶像的行为及动作。教师可告诉幼儿,他们不喜欢吃的一些食物,如芹菜、胡萝卜等,正是他们的偶像最喜欢吃的。由于偶像效应,幼儿对这些自己不爱吃的食物也会产生好感,甚至能吃得很香。此外,同一个班级的幼儿对食物的喜好各有不同,教师可以让不偏食的幼儿与偏食的幼儿同桌进餐,不偏食幼儿的愉快进餐与教师的及时引导也

会使偏食幼儿受到积极影响。

（四）加强全方位合作

调查发现，幼儿的不良饮食习惯多数来源于父母，如父母不喜欢吃的食物，孩子也常常不爱吃；有些家庭的日常饮食品类较为单一，就容易导致幼儿出现偏食、挑食的行为。幼儿园可以通过聘请营养专家开设专题讲座、召开家长座谈会等方法，帮助家长树立正确的饮食观念。通过家庭、幼儿园、社区的全方位密切合作，形成教育合力，共同帮助幼儿养成良好的饮食习惯，保证营养教育的最佳效果。

思考与练习

1. 学前儿童身体发育与保护教育的主要内容有哪些？
2. 学前儿童饮食与营养教育的基本内容有哪些？
3. 学前儿童饮食与营养教育中应注意的问题有哪些？

第四章

学前儿童安全教育

学习目标

1. 了解学前儿童安全教育的目标。
2. 掌握学前儿童安全教育的内容。
3. 掌握学前儿童安全教育的实施方法。

好奇是幼儿的天性,他们总是在不断的探索和尝试中认识周围的事物。但是,幼儿缺乏生活经验,对周围环境中潜在的不安全因素认识不足,面临危险时又不知所措,缺乏自我保护的意识和能力,容易因意外事故而影响健康甚至失去生命。好动是幼儿的本能,他们喜欢用行动来感受和认识事物,喜欢奔跑打闹,情绪很容易处于亢奋状态。但是,他们的思维和行为活动带有明显的随意性,控制、调节自己心理活动和行为的能力又十分有限,很容易给自己和其他幼儿带来伤害。

《纲要》明确指出:"幼儿园必须把保护幼儿的生命和促进幼儿的健康放在工作的首位。"抓好安全工作是促进学前儿童身心健康发展的重要保证。对学前儿童进行安全教育,采取有效措施消除安全隐患,是整个学前教育的重要组成部分。

第一节 学前儿童安全教育概述

一、学前儿童安全教育的含义

学前儿童安全教育是指对学前儿童进行安全常识、安全规范的教育，使其掌握安全常识，树立安全意识，并逐步形成安全防范能力。对学前儿童进行安全教育有利于加强学前儿童对潜在危险的认识，提高其自我保护能力；有利于增强幼儿教育机构的安全责任感，提高学前教育的质量。

二、学前儿童安全问题的影响因素

（一）学前儿童自身的特点

学前儿童的骨骼、肌肉、关节尚未发育成熟，如果参加超负荷运动，就很容易发生运动伤害；如果持续长时间运动，就很容易因身心疲惫、精神恍惚而发生意外伤害。

学前儿童心理发育尚未成熟，好动、好奇，理解力和判断力差，缺乏生活经验，危险意识薄弱，自我保护能力相对较差，因此容易遭受意外伤害。例如，幼儿喜欢攀爬，而阳台、门窗、楼梯往往因缺少保护装置而导致幼儿从高空跌落；玩水、游泳给幼儿带来乐趣，却也潜藏着危险。又如，幼儿常常以用手触摸或直接用嘴尝的方式认识世界，因此气管异物、鼻腔异物、眼内异物、夹伤、触电和烫伤也成为学前儿童意外伤害的主要类型。

不同的气质类型和情绪状态也是导致幼儿发生意外伤害的常见因素。研究发现，意外伤害比较容易发生在粗心、好动的幼儿身上；幼儿在情绪不顺时常会做出一些鲁莽、自我伤害的动作，导致意外发生；另外，男孩比女孩更容易发生意外事故，因为男孩更好动，其游戏类型以身体接触为主。

(二)安全意识与安全措施

因父母及其他长辈安全意识缺乏、安全措施落实不到位而导致的幼儿意外伤害事件屡屡发生。许多家长期望孩子早成才、快成才,因而片面追求幼儿知识的积累,却忽视了他们的生存需求。有些家长意识到了外界存在着诸多不利于孩子健康安全的因素,因而采取了事事包办代替的保护策略,却忽略了对幼儿自我保护意识的培养。殊不知这样只注重眼前利益的行为,实则剥夺了孩子们通过实践提高自我保护能力的机会,阻碍了他们自我保护意识和能力的发展。

(三)环境和设施因素

客观环境中的一些因素常会导致幼儿意外事故的发生。例如:室内环境过分拥挤,活动场地狭小、地面不平整,家具、玩具的边角锐利,玩具颗粒过于细小,游戏设备陈旧、老化,等等。

案例分析

美术课上的意外

实录

小班正在上美术课,老师正对幼儿逐个进行指导。一部分幼儿已经完成了自己的作品,他们中有的在说话,有的离开了座位自己活动,有的在满地跑。老师并没有注意到这些,还在专注地继续着自己的指导。突然一阵哭泣声传来,老师终于发现已经有很多幼儿都不在自己的座位上了,她赶紧命令离开座位的幼儿回到座位上,并立即寻找哭声的来源。原来刚才小悦悦在教室里跑的时候摔倒了,她摔倒之处的地板松动了,碰巧夹到她的下巴,造成了一个不算小的伤口。老师马上找来班级的另一名老师,两个人一起将小悦悦抱到医务室检查伤口、上药,并及时通知家长。

分析

案例中的教师刚工作不久,安全意识不足。其实幼儿教师不仅要传授知识,还要时时关注幼儿的安全情况。安全问题贯穿整个课堂,教师要对整个课堂的安全负责。幼儿的一日活动中，安全隐患处处存在。案例中的老师只关注到个别幼儿，而没有关注到全体幼儿的状况，安全意识淡薄，导致了该意外事件的发生。

三、幼儿园应采取的安全措施

（一）消除客观环境中的不安全因素

首先，确认园舍的设计是否符合安全标准。例如，楼梯的宽度和台阶高度是否合适，运动场地的大小、平坦性是否适宜，大型户外活动器材周围是否设有软地或保护软垫，等等。

其次，重视活动室的安全问题。例如，关注活动区域内的人数是否过多，物品的摆放是否合理；留意幼儿是否需要到其他活动区域拿取剪刀、裁纸刀等危险物品；留意地板和地砖表面是否湿滑；等等。

此外，幼儿园应定期进行安全检查，检查项目应涉及防火设备、道路安全、特殊活动场所（图书室、活动室、音乐教室、升旗台、户外游戏器械区、仓库、厨房、厕所等），做到“随时发现，随时修复”。

（二）制订、执行安全计划

制订和执行相应的安全计划，既能满足幼儿的好奇心和探索精神，又能保证活动的安全性。

教师在制订计划时，应考虑活动方式是否适合幼儿，活动过程中可能发生哪些危险，需要什么特殊的预防和保护措施。此时，适当地参阅过去的意外事故记录、教具和玩具的安全使用说明，能够帮助教师制订出更为全面合理的活动计划。教师还可以在活动前与幼儿讨论活动内容及可能发生的危险，进而制定具有可操作性的安全规则。

在制定规则时，教师通常应考虑以下因素：幼儿年龄、幼儿总数、器材和设备、场地、监督幼儿的成人人数、活动类型等。一般来说，幼儿年龄越小，制定的规则应越细致；活动越激烈或难度越大，制定的规则应越严格。不过，也要避免因规则设置过多过细，而限制了幼儿对环境的充分探索。当幼儿逐渐了解危险并建立起自我保护意识时，规则就可以适当减少。

在叙述规则时，教师应使用简洁的语言，清楚地向幼儿解释必须遵守规则的理由，使幼儿理解并愿意主动遵守规则。

在活动过程中，教师必须严格监督幼儿执行规则的情况。教师可以用鼓励（而不是威胁）的方法引导幼儿遵守规则。当幼儿偶尔不遵守规则时，教师应该适时提示；如果提示无效，则可使用暂时隔离法，让幼儿了解他的行为是不被接受的；而一旦幼儿对自己的行为做出适当改善，教师就应请他回到原来的活动中。

（三）加强学前儿童安全教育

对幼儿进行安全教育，重点在于使幼儿在日常生活中树立安全意识，懂得保护自己，避免受到伤害。因此，教师要用最简单的概念，结合具体的安全措施来教育幼儿如何防范意外事件的发生，同时教会他们一些应对意外事件的方法。在对幼儿进行安全教育时，应确保信息清晰、明确，如直接告诉幼儿哪些地方是可以去的，哪些地方是有危险的；不能跟陌生人走，不能吃陌生人给的食物；外出时，不能擅自离开成人；等等。

（四）加强教师安全知识技能的培训

对于学前教育工作者而言，加强安全知识技能的培训是十分必要的：一是培养教职工的安全意识，培养他们的工作责任心，使他们能够时时处处做有心人，及时发现和处理各种不安全因素；二是要求教职工了解幼儿园安全管理的各项规章制度，严格按照规章制度办事，不随心所欲；三是要求教职工掌握基本的安全操作规范，掌握发生意外事故时的现场处理办法，做到遇事不乱，应对有方。

第二节　学前儿童安全教育的目标与内容

一、学前儿童安全教育的目标

（一）总目标

结合《纲要》的具体要求，学前儿童安全教育的总目标是：让幼儿懂得珍惜生命，乐于学习一些基本的安全保健知识和相应的自护、自救方法，学会保护自己；自觉锻炼身体，增强体质，养成有利于安全的行为习惯；在意外事故发生时敢于呼救，尽可能保护自己，使身体免受或少受伤害。概括来说，学前儿童安全教育的总目标是按照如下三个层次逐步深入的：首先，通过感知生命的重要，帮助幼儿树立安全意识；其次，引导幼儿学习必要的安全保健常识，提高自我保护意识和能力；最后，帮助幼儿养成良好的行为习惯，减少伤害事故的发生。

（二）各年龄阶段目标

学前儿童安全教育各年龄阶段的具体目标，详见表4－1。

表 4-1　学前儿童安全教育各年龄阶段目标

年龄阶段	教育目标
0—3 岁	1. 懂得不能乱动危险的东西 2. 懂得不能乱吃药 3. 懂得不跟陌生人走,不拿陌生人给的玩具
3—4 岁	1. 不跟陌生人走,不吃陌生人给的东西 2. 在提醒下能注意安全,不做危险的事;能接受成人的提示,学习避开活动中可能出现的危险因素 3. 了解日常生活中的安全常识与规则,过马路、乘坐交通工具、玩大型运动器械时能注意安全;认识有关的安全标志,遵守交通规则,初步形成自我保护意识 4. 了解处理意外事故和伤害的常识,掌握基本的求生技能,知道基本的自救和向成人求救的方法;在公共场所走失时,能向警察或有关人员说出自己的名字、家庭地址、家长的名字或电话号码
4—5 岁	1. 在公共场所,不远离成人单独活动 2. 认识常见的安全标志,能遵守安全规则 3. 运动时能主动躲避危险 4. 知道简单的求助方式
5—6 岁	1. 未经成人允许不给陌生人开门 2. 能自觉遵守基本的安全规则和交通规则 3. 运动时能注意安全,不给他人造成危险 4. 知道一些基本的防灾知识 5. 不去危险的地方,同时能提醒别人也不去危险的地方

二、学前儿童安全教育的内容

(一)学前儿童安全教育的常规内容

1. 交通安全教育

据有关部门统计,全国交通事故平均每50秒发生一起,平均每2分40秒就会有一人丧生于车祸。更令人痛心的是,全国每年因交通事故死亡的人数中,少年儿童占10%以上,且有逐年上升的趋势。因此,幼儿园从如下几方面对学前儿童进行必要的交通安全教育刻不容缓。

(1)了解基本的交通规则,如:"红灯停,绿灯行",过马路要走人行横道,上街走路要靠右行,不在马路上奔跑、逗留、玩耍,等等。

(2)认识常见的交通标志,如红绿灯、人行横道线、禁止行人通行等标志,并且知道这些交通标志的意义和作用。

(3)初步形成交通安全意识,养成遵守交通规则的良好习惯。

在对学前儿童进行交通安全教育时,可选用一些儿歌、故事和游戏以增加教育过程的趣味性,也可以请交警叔叔来园讲座、授课,通过情景模拟等方式增强教育过程的现实性。

2. 食品卫生安全教育

学前儿童大多喜欢吃零食,也喜欢将各种东西放入口中,因而很容易引发食品安全问题。幼儿园除了要把好食品采购、储藏、烹饪、运送等方面的卫生关以外,还必须教育幼儿注意以下食品卫生安全问题。

(1)养成良好的饮食习惯。不吃腐烂的、有异味的东西。生吃瓜果时知道先看看或问问瓜果是否已经洗干净。进食时不嬉笑、不打闹。

(2)不随便捡食和饮用不明物。

(3)不随便吃药。目前市面上的许多儿童药剂色彩鲜艳、外观漂亮、口感好,深受孩子"喜欢",有的孩子甚至把药品当零食吃,很容易引发危险。因此,要教育幼儿不能随便吃药,一旦需要服药,一定要在成人的指导下服用。

3. 消防安全教育

幼儿园应通过消防安全教育，使幼儿达到以下要求：

(1)懂得玩火的危险性，知道如果发生火灾，不仅会损坏财物，还会危及人的生命。

(2)掌握简单的自救技能。教育幼儿一旦发生火灾要马上逃离火灾现场，并及时告诉附近的成人或拨打火警电话“119”。当发生火灾，自己被烟雾包围时，要用防烟口罩或湿毛巾捂住口鼻，并立即趴在地上，在烟雾下面匍匐前进。

(3)积极参与火灾疏散演练。幼儿园可事先确定各班安全疏散的路线，让幼儿熟悉幼儿园的各个通道，以便在火灾真正发生时，幼儿能在教师的指挥下统一行动，安全疏散。

此外，教师还可以利用多媒体演示，让幼儿观看消防队员灭火的情景，向幼儿介绍火灾发生的原因、消防车的作用、灭火器的使用方法及使用时的注意事项等。

4. 防触电、防溺水教育

(1)防触电教育。触电是日常生活中比较常见的意外事故之一，幼儿园应从以下几个方面对学前儿童进行防触电教育：

①懂得不能随便玩电器，不拉扯电线，不用剪刀剪电线，不用小刀划电线，不将铁丝等金属物插到电源插座里，等等。

②一旦发生触电事故，懂得不能用手去拉触电的人，要及时切断电源，或者用干燥的竹竿等不导电的东西挑开电线。

③不随意开启家中电器，特别是电熨斗、电取暖器等；不玩弄电线与插座；在遇到突然停电等情况时，不慌不乱，不到处乱跑。

(2)防溺水教育。幼儿园应从以下几个方面对学前儿童进行防溺水教育，使其知道：

①不能私自到河边、井边玩耍。

②不能将脸闷入水中，做憋气游戏。

③不能私自到河里游泳。

④当同伴失足落水时，要大声呼救，并及时就近向成人求助。

5. 玩具安全教育

爱游戏是孩子的天性，玩具是孩子的最爱。在一日生活中，儿童几乎有一半的时间都在和玩具打交道。因此，对学前儿童进行玩具安全教育十分重要。

根据玩具的不同类型，应有不同的安全要求：

(1)玩大型玩具滑梯时，不能拥挤推搡，前面的幼儿还没滑到底并站起离开前，后面的幼儿不能往下滑；荡秋千时，屁股先坐稳，双手拉紧两边的秋千绳，其他人要注意保持距离；玩跷跷板时，除了要坐稳，双手还要抓紧扶手。

(2)玩中型玩具游戏棍时，不能用其敲打其他幼儿的身体，特别是头部。

(3)玩小型玩具，如积木、串珠、玻璃球时，不能将其放入口、耳、鼻中，以免发生意外。

6. 生活安全教育

生活安全教育必须由家园配合同步进行，通过教育使孩子达到以下要求：

(1)不随身携带锐利的器具，如小剪刀等。

(2)认识一些安全标志，特别是一些禁止性的、警示性的标志，知道看见这些标志应该怎样做，如禁止攀登、禁止触摸、禁止通行、禁止烟火、注意安全、当心车辆等标志。

(3)在运动和游戏时保持秩序，不拥挤，不推撞；在没有成人看护时，不从高处往下跳或从低处往上蹦；不爬树、不爬墙、不爬窗台，不从楼梯扶手上往下滑，以防摔伤；推门和关门时，手不放在门缝里；乘车时不在车上来回走动，手和头不伸出窗外；上下楼梯靠右边走，不推挤。

(4)不独自玩烟花爆竹；不逗弄蛇、蜈蚣、蝎子、黄蜂等动物。

(5)雷雨天气，不站到大树底下。

(二)学前儿童安全教育中应注意的问题

1. 创设安全的物质环境

幼儿园要将幼儿的安全问题置于首要地位。教师应该富有爱心，有强烈的安全意识和责任心，并具备处理一些常见意外事故的技能。幼儿园的玩具及游戏设备应该定期检查，以便及时发现问题，及时处理。幼儿药品及消毒用品均应妥善保管,以防幼儿误服。幼儿园可通过设置安全标志、开辟安全教育宣传栏、创设安全教育小画廊等形式,充分利用环境资源向幼儿渗透安全教育内容,使其在潜移默化中提高安全意识,懂得生活中常见的安全防护措施。

2. 内容与形式应符合幼儿的生理、心理发育特点

对幼儿进行安全教育应注重其生理、心理的发育特点,采取游戏、模拟情境、现场指导等幼儿喜爱的活动形式,激发幼儿参与活动的热情。利用消防日、防灾减灾日等特殊纪念日开展消防逃生、地震逃生等各种演练活动,培养幼儿自我保护的应变能力。教师可以随机拍摄幼儿玩玩具、玩大型器械的场景,再与幼儿共同分析怎样玩才安全,通过真实情景的再现,让幼儿认识到保护自己的重要性。另外,教师可以创设与安全教育有关的游戏环境,让幼儿在轻松愉快的气氛中加深体验,引导幼儿自主探究,提高自我保护能力。例如,在开展角色游戏时设置岗亭、红绿灯、人行道安全标志等,让幼儿分别扮演交警及路人。这一活动不仅能丰富幼儿的安全常识,使其养成遵守交通规则的好习惯,同时因为幼儿参与游戏的热情极高,所以很容易在全情投入的过程中自然而然地掌握相关的自护、自救方法。

3. 促使幼儿树立"安全第一"的观念

幼儿意外事故的发生常与其冲动的天性有关,他们有时为了抢先占有或尽早奔向目标(如数量有限的玩具、马路对面的母亲等)而尽显鲁莽、冲动,使危险发生的概率大大提高。所以,安全教育应当帮助幼儿逐步树立"安全第一"的观念,让他们明白不论在任何时候、任何地点做任何事情,都应首先看一看、想一想是否安全或怎样才能更安全。

4. 给予正面教育

幼儿活泼好动,爱好模仿,且思维水平具有局限性。因此,在开展安全教育时,应给予幼儿符合安全规范的正面示范,至于意外事故的原因和恶果则一般以描述性评议或其他间接的方式告知幼儿。教师可通过微笑、拥抱等方式,使幼儿对社会充满安全感,以利于幼儿更好地成长。

5. 选择适宜的教育时机

生活中不可避免地会发生各种意外事故,如果某些意外事故的当事人是幼儿的同伴或周围熟悉的人,则这种事情更容易引起幼儿的重视,加深幼儿对意外事故后果的认识。教师应抓住时机,及时对幼儿进行教育,这样往往可以达到事半功倍的教育效果。

6. 加强体能训练,提高幼儿的行动反应力

生活中的各种安全隐患常常使人防不胜防,提高幼儿的行动反应能力可以大大减少意外事故的发生。所以,教育者应通过体育锻炼及其他的专门活动,增强幼儿躲闪、呼喊等快速反应的能力,并通过生活场景模拟、防灾演习等活动使幼儿获得相关的求救知识和技能。

7. 加强幼儿对危险情境及事故原因的认识

幼儿对危险情境以及事故因果的认识明显有别于成人。例如,幼儿认为明显凸起且尖利的物体远不如来来往往的车辆或东奔西跑的伙伴危险,因为前者是不动的,而后者动个不停。又如,幼儿认为接近小动物是有危险的,因为它们会咬自己,而一把裂口的长柄玩具枪却没有什么危险,因为它是假的。正因为幼儿常常会以自己特有的思维方式缩小生活中危险事实的范畴,所以提高幼儿的安全意识,引导他们正确分析事故发生的根本原因是十分必要的。

8. 加强家园联系,发挥教育合力

通过加强家园联系,实现对幼儿立体化、全方位的安全自护教育,避免教育盲点,不断巩固和强化安全生活教育,提高幼儿的自我保护能力。

第三节　学前儿童安全教育的实施方法

一、情境体验法

情境体验法是指教师通过对一定教学内容进行形象性的描述或模拟创设出与之相匹配的场景,使幼儿产生身临其境的真实体验,从而达到一定教育目的的教学方法。

情境体验法对教师的基本要求如下：

(一)创设教学情境,让幼儿在情境中感受和体验

教师要运用生活显示情境,运用实物演示情境,运用音乐渲染情境,把幼儿引入一定的情境之中,使他们产生一定的内心感受和情绪体验,从而对教学内容产生兴趣。例如,在活动“我是小司机”中,教师可以将活动室的地面布置成十字路口,孩子们一看到生动的马路情境,会很愿意把自己融入其中,扮演小司机的主动性自然更高。

(二)创设模拟情境,让幼儿在演练中体验和思考

教师应敏锐地发现生活中潜在的危险,与幼儿共同创设一种模拟意外或灾难的特定情境,让幼儿在体验中发现安全问题,积累正确的安全自护方法。在情境体验活动中,教师应发挥指导者、支持者、引导者、合作者的作用,鼓励幼儿大胆参与、积极互动。例如,创设一个“火场逃生”的情境:某处发生了火灾,现场有水、毛巾、被子、衣服等多种物品,幼儿当场进行逃生演练。

案例分析

兔妈妈不见了(小班)

活动目标

1. 知道不能吃陌生人给的东西,不能跟陌生人走。
2. 增强自我保护意识。

活动准备

兔妈妈、小兔、大黄狗、狗熊的头饰若干,大树道具若干,背景音乐。

活动过程

1. 放音乐，教师以兔妈妈的身份出场，激发幼儿的活动兴趣。

(1)兔妈妈(教师)带着小兔子们(幼儿)来到公园的草地上。

(2)在游戏的过程中，提示小兔子们(幼儿)要跟随兔妈妈(教师)走，注意安全，不要走丢了。

2. 做“陌生人的东西我不吃”的游戏，引导幼儿学会拒绝陌生人给的东西，增强自我保护意识。

(1)“妈妈的钱包忘记带了，我回去拿。宝宝们在这里玩一会儿，不要走远了。如果有陌生人来了怎么办呢？他们要是给你们好吃的，该怎么办呢？你们先在这里玩。”兔妈妈回家去了。

(2)大黄狗说：“孩子们，我这里有好吃的东西，给你们尝尝吧！”

(3)引导幼儿拒绝陌生人给的东西。

3. 做“不和陌生人走”的游戏，教会幼儿不和陌生人走，增强自我保护意识。

(1)狗熊说：“孩子们，你们在这里玩多没意思呀，我带你们去游乐园玩，可好玩了，跟我走吧！”

(2)引导幼儿拒绝陌生人的邀请。

(3)兔妈妈(教师)回来了，表扬不吃陌生人给的东西、不跟陌生人走的小兔子(幼儿)。

4. 兔妈妈带着宝宝蹦蹦跳跳地回家了。

【案例来源】叶平枝，徐宝良. 学前儿童健康教育与活动指导[M]. 长沙：湖南大学出版社，2015.

二、渗透法

幼儿的一日生活包含了多种多样的活动，这些活动在幼儿的发展中具有特殊的价值，也是渗透幼儿园安全教育的重要环节。因此，教师应该结合幼儿一日生活中的各类活动，让幼儿在生活中学习、在游戏中学习，学会自我保护的方法和技能，变消极躲避为积极预防。

渗透法对教师的基本要求如下：

（一）在教学活动中自然渗透

教师可将安全教育的内容自然地渗透到各领域的教育活动中，例如：

语言方面，开展以“安全”为主题的看图说话、讲故事、说儿歌等活动。

音乐方面，让幼儿学唱《我在马路边》等歌曲。

美术方面，指导幼儿画红绿灯、斑马线、小朋友过马路等内容。

科学方面，带幼儿认识交通工具、安全标志等。

体育方面，带领幼儿玩“跨越障碍物”等游戏。

（二）在游戏中自然渗透

幼儿是最喜欢做游戏的，通过游戏活动进行安全教育最符合幼儿的心理特点和活动能力水平。因此，教师要抓住幼儿喜欢玩游戏的特点，为幼儿设计出多种多样的游戏活动，在这些游戏中渗透安全教育的内容，使幼儿在游戏中感悟安全知识，习得防灾避害、逃生自救的方法。总之，在游戏的轻松环境下对幼儿进行安全技能的培养，能够使幼儿更好地树立危险防御观念，增强危险防范意识，提高防护能力。

比如，教师可充分挖掘角色游戏中的安全教育因素，发挥其安全教育的作用。例如，幼儿在玩“娃娃家”游戏时，教师一方面要创设自由、宽松、温馨的游戏氛围，让幼儿充分享受游戏的乐趣；另一方面可以有意识地延伸出“不给陌生人开门”“不吃陌生人给的东西”“不跟陌生人走”等游戏情节。再如，组织开展“红绿灯”游戏，让幼儿掌握“红灯停，绿灯行”“行人要走人行道”“过马路要看红绿灯”等有关规则。幼儿在愉快的游戏中不仅吸收了丰富的安全知识，更重要的是，他们还通过游戏性质的角色表演，强化了自我保护意识，提高了自我保护能力。

此外，幼儿反应的敏捷性，动作的协调性，手臂、大腿肌肉的力量等，都影响着幼儿安全自护能力的发展。教师可以设计如“抓尾巴”“躲避球”等有趣的体育游戏，增强幼儿躲闪、呼喊等快速反应能力；还可以设计专门的体育游戏锻炼幼儿的自救能力，如尝试越过障碍物等。这些有目的、有针对性的体育游戏，可以大大提升幼儿的行动反应能力。一旦突发意外情况，经过训练的孩子，因为有着心理和行动力两方面的双重准备，其自救逃生的可能性会大大提升。

（三）在生活中自然渗透

要让幼儿明确一日生活中各个环节和各项活动的具体要求，知道应该做什么，应该怎样做；要建立良好的生活秩序，引导幼儿有序活动，避免对幼儿有伤害的事件发生。例如：入园——不携带小刀等危险物品进园；进餐——保持安静，细嚼慢咽，不说笑（以免呛着）；睡眠——保持正确的睡姿，不把玩具带到床上玩，不含着东西睡觉；行走——抬头挺胸，手前后自然摆动，靠右行走，不猛跑（以免碰撞、摔倒）；游戏等集体活动——遵守游戏规则和集体纪律；离园——有序活动，静待家长，安全返家；等等。幼儿年龄小，自觉性和自制力较差，对于他们来说，习惯不是一天两天就能养成的。因此，教师除了对幼儿提出要求，教给他们方法外，还要经常提醒幼儿，使他们逐步形成自觉行为，养成良好的常规习惯。

三、示范讲解法

示范讲解法是教师通过语言和动作具体直观、系统连贯地向幼儿传授知识的方法。在学前儿童安全教育的实施中，教师可以通过循序渐进的叙述、描绘、解释，向幼儿传授安全防护与救助知识；还可以通过动作示范，帮助幼儿掌握自我保护的方法，促进幼儿安全意识和自我保护能力的发展。

示范讲解法对教师的基本要求如下：

（一）讲解内容一定要具有科学性、系统性

教师讲述的内容一定要正确、全面、符合幼儿的年龄特点，既要使幼儿获得科学、系统的安全自护知识，又要关注幼儿安全意识的提高。

（二）注意启发

在讲解中，教师要适时地提出问题，引导幼儿积极思考，充分调动幼儿学习的积极性和主动性。在教学中，教师应注意建立民主平等的师幼关系，引导幼儿独立思考，鼓励他们勇敢地发表自己的独立见解，让幼儿成为学习活动的主体。

(三)讲究语言艺术

教师在示范时应力求语言清晰准确、条理清楚、通俗易懂。讲解时的语速、音量要适宜,注意音调的抑扬顿挫,辅以恰当的身体语言,提高讲解的感染力。

(四)示范时要选择好位置

教师在示范时应尽量让每个幼儿都能看清楚,示范的动作要准确并配以适当的解释说明。

四、谈话法

谈话法是教师引导幼儿运用已有的经验和知识回答问题,借以获得新的安全知识、巩固旧的安全知识的方法。一般是由教师根据教学目的提出一系列前后连贯而富有启发性的问题,引导幼儿根据已有的经验知识或对眼前事物的观察,通过积极的思考给出正确的回答,借此获取和掌握新的知识。例如,针对有的孩子喜欢站在小板凳上将头和身体伸向阳台外的现象,老师在让孩子们看完一段录像后提出问题:“这位小朋友的行为哪里错了,为什么?”“在阳台上还有哪些危险的事情不能做?”由此引导孩子们根据录像内容以及自己或班上小伙伴的行为展开讨论并尝试作答。

谈话法对教师的基本要求如下:

(一)要准备好问题和谈话计划

在活动之前,教师要根据教学内容和幼儿已有的经验知识,准备好谈话的问题、顺序,如何从一个问题引出或过渡到另外一个问题。

(二)要善问

向幼儿提出的问题要具体明确,有趣味性、有启发性,能引起幼儿的思考。所提问题的难易程度应根据不同幼儿的知识水平有所不同。

(三)要善于启发诱导

提出问题后,要善于引导幼儿运用已有的知识经验或通过观察所获得的感性认识进行思考；要因势利导，让幼儿逐步获取和掌握新的知识。

（四）要做好归纳总结

教师要及时归纳总结，帮助幼儿将知识系统化、科学化地消化吸收。

五、直观演示法

直观演示法是教师通过演示实物、挂图、多媒体视频等直观教具使幼儿感知和理解抽象的安全知识，获得感性经验的教学方法。

直观演示法加强了教学的直观性。例如，对于“防中毒”“防走失”等安全教育主题内容，教师可以通过多媒体视频或挂图将现实中不能重演的危险过程呈现在幼儿面前，帮助幼儿更加直观地了解如何预防中毒、如何预防走失等知识经验，提高其安全防范意识。

演示法对教师的基本要求如下：

（一）做好演示前的准备

演示前，要根据活动需要做好教具准备，选择典型的教具，考虑好运用教具进行演示的过程，放大需要认真观察的部分。

（二）要使幼儿明确观察的目的和要求

让幼儿知道要看什么、怎么看，需要思考哪些问题，促使幼儿主动、积极、自觉地观察与思考。

（三）演示要密切配合教学活动

过早拿出或迟迟不收起教具都会分散幼儿的注意力，因此，演示的时间应密切配合教学活动。演示过程中教师要适时向幼儿提出问题，进行适当的讲解、指点，引导他们边看、边听、边思考，以获得最佳教学效果。

思考与练习

1. 学前儿童安全教育的目标是什么？
2. 学前儿童安全教育的主要内容有哪些？
3. 简述学前儿童安全教育的实施方法。

第五章 学前儿童心理健康教育

学习目标

1. 了解学前儿童心理健康教育的目标及意义。
2. 理解学前儿童心理健康教育的内容。
3. 掌握学前儿童心理健康教育的原则、途径和方法。
4. 运用学前儿童心理健康教育理论进行教育方案的设计与实践活动。

《纲要》强调:身体健康和心理健康是密切相关的。心理健康教育是学前儿童健康教育的重要组成部分。实施心理健康教育,使他们从小具有健康的心理素质,是人发展的需要,也是社会发展的需要。

第一节 学前儿童心理健康教育概述

一、心理健康的概念

心理健康问题已受到越来越多人的关注,研究者对"心理健康"这一概念的解释也日渐丰富。

心理健康有狭义和广义之分。广义的心理健康,是以促进人们心理调节、发展更大的心理效能为目标,即人们在环境中健康生活,保持并不断提高心理健康水平,从而更好地适应社会生活,有效地为人类做出贡献。狭义的心理健康主要目的在于预防心理障碍或行为问题。

另外,许多心理学家也对心理健康进行了说明。如我国台湾的柯永河教授指出:良好习惯多、不良习惯少的心态谓之健康;而良好习惯少、不良习惯多的心态谓之不健康。《简明不列颠百科全书》对心理健康的解释为:心理健康是指个体心理在本身及环境条件许可范围内所能达到的最佳功能状态,但不是指绝对的十全十美的状态。

由于界定者的角度和关注点的不同,“心理健康”这一概念在国际上至今仍无公认的定义。本书认为心理健康是指个人心理在社会适应过程中表现出来的良好状态。也就是说,除了没有心理与精神疾病的症状外,其个人的认知能力、情感表达、行为表现等各方面都应维持在一个正常且平衡的状态下,使得个人对自己以及对环境的调适能够达到最高的效能,进而获得快乐,满足自己的需要,产生合乎社会文化要求的行为。心理健康包括两方面的含义:一是心理健康状态,个人处于这种状态时,表现出接纳自己、积极愉悦的最佳功能;二是这种状态要和社会适应相关联。

心理健康对成长中的学前儿童来说尤为重要。对学前儿童进行心理健康教育,创设有利于他们成长的环境和条件,控制和消除种种不利因素,不仅有可能将学前儿童的心理障碍、行为问题消灭在萌芽状态,更为重要的是有利于增进他们的心理健康,培养其健全的人格,使他们获得认知、情感、社会适应等方面的和谐发展。

二、学前儿童心理健康的标准

学前儿童的心理健康是指心理发展达到相应年龄组学前儿童的正常水平,情绪积极,性格开朗,无心理障碍,对环境有较强的适应能力。现代研究者对心理健康标准的观点还不统一,对学前儿童这个特殊年龄群体的心理健康研究也不多,总体说来,学前儿童心理健康标准包括以下几个方面。

(一)动作发展正常

动作是反映儿童尤其是婴幼儿生长发育的指标,也是制约儿童心理发展的因素之一。皮亚杰认为,动作是儿童智力的起源。个体动作的发展水平和大脑结构发育及其功能发展是密切相关的。因此,学前儿童躯体大动作和手指精细动作的发展水平状况，是衡量其心理健康水平的重要标志。

（二）智力发展正常

正常的智力是学前儿童日常生活、人际交往和心理发展的基本条件，也是心理健康的前提条件。智力，是指人的一般能力，包括观察力、记忆力、想象力、思维能力和操作能力，其中思维能力是核心。智力是幼儿认知能力的物质基础。一定的认知能力是学前儿童学习与生活的重要前提。这是因为，正常的认知水平是儿童与周围环境取得平衡和协调的基本心理条件。从客观上来看，学前儿童的认知发展水平会表现出一定的个体差异，但如果某儿童的认知水平明显低于同年龄儿童，且不在正常范围内，那么该儿童的认知能力是低下的，智力存在一定的问题，其心理健康也可能会存在问题。

儿童智力正常保障下的积极认知活动，一是表现为各种认知心理机能的发展，如感知能力的发展、注意力的发展、记忆力的发展和思维能力的发展等方面，二是表现为领域知识的发展，如数、时间、空间、运动、速度、因果等儿童不同认知领域的发展。

（三）情绪稳定乐观

情绪稳定乐观是心理健康的主要标志之一。心理健康与不健康的主要区别，不在于是否产生消极情绪，而在于这种消极情绪持续时间的长短，以及它在人的整个情绪生活中所占的比重是否恰当。心理健康的学前儿童能在不同的情境中表现出适当的情绪，以积极的情绪表现为主，积极情绪多于消极情绪，经常保持心境良好、愉快、乐观、开朗，这样的情绪有助于提高活动的效率，使幼儿多受到家长和教师的表扬与称赞，而积极的情绪又得以强化，进入良性循环。所有学前儿童都会有喜、怒、哀、乐，会出现短时的消极情绪，如在受挫或与同伴发生冲突时，他们会表现出委屈、受伤、愤怒等消极情绪，但是心理健康的学前儿童能主动调控自己的不良情绪，快速从消极情绪中走出来，表现出积极向上的情绪状态，以适应外界环境，这就是情绪稳定乐观的表现。心理不健康的学前儿童常常伴随着情绪情感的异常，如：焦虑、忧伤、委屈等消极情绪；因环境变化，情绪过于敏感；情绪的自我调控能力较差等。

学前儿童的情绪带有很大的冲动性和易变性，因此，教师和家长要注意学前儿童的情绪保健，为他们创设良好的外部情绪条件，让他们的各种情绪都有适当表达的机会,并注意引导他们逐步学会用理智控制情绪,变消极情绪为积极情绪。

(四)人际关系融洽

学前儿童的人际关系主要是指学前儿童与家长、教师以及同伴之间的关系,这些人际交往可以反映学前儿童的心理健康状况。心理健康的学前儿童乐于与人交往,善于与同伴合作、共享,理解与尊敬教师,待人慷慨而友善,也容易被别人理解和接受。心理不健康的学前儿童则可能不能与人合作,对人漠不关心,缺乏同情心,斤斤计较,猜疑、嫉妒、退缩,不能置身于集体及其活动中,与交往环境格格不入。

学前儿童之间的交往活动是一种全新的平等的人际关系,它既是维持心理健康的重要条件,也是维持心理健康的必要途径。心理健康的儿童乐于与同伴交往,并能与同伴愉快地合作,快乐地玩游戏。而心理不健康的儿童,其人际关系往往是失调的、令人担忧的,他们或远离同伴,或攻击同伴,或成为同伴群体中不受欢迎的人。

(五)性格特征良好

性格是人的个性中最本质、最核心的表现,学前儿童的性格是在与周围环境的相互作用中逐渐形成的稳定的态度和习惯化的行为方式。儿童的性格一经形成,就表现出相对的稳定性。学前儿童虽然没有最终形成个性,但已表现出一定的性格特征。心理健康的学前儿童性格相对稳定,对新鲜事物感到好奇,勤奋好学;在自我意识上,开始正确认识与评价自己,自尊感持续发展,寻求独立性,对自己充满了信心;有热情、勇敢、自信、主动、谦虚、诚实、慷慨、善于合作、乐于助人等性格特征。而心理不健康的学前儿童性格发展不良,容易表现出胆怯、冷漠、固执、孤僻、有敌意、自卑和缺乏自尊心等特征。学前儿童的性格多变,可塑性强,要注意从小培养,尤其是在自我意识方面,要让他们学会正确认识和评价自己,多给他们成功的机会,以表扬为主,对挫折与失败不要过分责备,要增进他们的自尊心和自信心。

(六)行为协调适度

行为协调是指人的思想与行为统一协调,人的行为是心理活动的镜子,可以反映出人的心理是否正常。人的主观能动性最突出的表现就在于人的行为有自觉的目的,受意识的支配,行为反应水平与刺激程度相互协调。心理健康的学前儿童,在面对新的环境时,能做出适当的回应,既不过分夸张,也不过分退缩,既表现出一定的好奇心和探索欲望,又有适当的自控能力,行为有条不紊,行为反应与刺激的程度相匹配;心理不健康的儿童面对新环境时反应淡漠或者比较强烈,表现有些夸张或者退缩,在行为表现方面前后矛盾,思维混乱,语言支离破碎,做事有头无尾,行为变化无常,为一点小事可以大发脾气,或是对强烈的刺激反应淡漠。因此,要注意从小训练学前儿童良好的行为与习惯,使其学会正确应对生活环境中的各类刺激。

一般来说,对于学前儿童的心理健康标准,人们更多地从情绪和人际交往的角度给予关注和进行判断。但是健康与不健康是相对的,是处于动态的变化之中的。健康的状态不仅可以是经过外界的帮助和自身不断的调整获得的,也可以是从不健康的状态成长发展,最终达到的。因此,判断一个儿童是否心理健康,要以发展的、动态的眼光来看待。

三、影响学前儿童心理健康的因素

影响学前儿童心理健康的因素是多种多样的,包括生理、心理和社会诸方面。了解这些影响因素,对预防学前儿童心理疾病和提高其心理健康水平具有重要意义。

(一)生理影响

1. 遗传

人类的心理及其健康状况同生理发育状况一样,许多方面都会受到遗传因素的影响。遗传对心理健康的影响首先表现在:遗传的生理疾病会伴随相应的心理疾病。如患21-三体综合征(又称唐氏综合征)的幼儿智力发育迟缓、生活自理能力低下,对幼儿的心理健康会产生一定影响。其次,某些心理疾病也受一定遗传生理因素的影响。许多儿童发育障碍和精神疾病诸如儿童自闭症、儿童多动症、语言功能障碍的发生和发展都与遗传有关,这些遗传的疾病常带来一些行为问题。再次,智力、气质等心理特征也会受到遗传因素的影响,这些遗传的心理特征同样会对学前儿童的心理健康产生不同的影响。

2. 脑损伤

导致儿童大脑损伤的原因主要有胎儿时期大脑发育不完全或病变,早产或难产时造成的颅内出血,出生时大脑缺氧、窒息或出生后受到碰撞造成的较严重的脑外伤等。另外,学前儿童的生理发育还不成熟,免疫系统还不完善,因而抵御病毒感染的能力也较弱。病菌或病毒干扰中枢神经系统,致使大脑受到损伤的可能性也是很大的。如学前儿童发高烧致使大脑细胞受损而造成脑瘫,这样的意外伤害会造成智力迟滞或痴呆,导致心理障碍或精神失常。

由此可见,一些不可抗拒的原因导致学前儿童脑损伤,会影响其智力发育,导致儿童适应不良,从而影响学前儿童情绪和行为的稳定性、对周围环境的反应方式和对自己的控制能力,进而导致其智力发育迟缓、情绪障碍、学习困难等。

(二)环境的影响

环境是指由人、物和事件构成的一个系统。学前儿童所处的环境可以分为自然环境和社会环境两种,这两种环境都会对学前儿童的心理健康产生影响。

1. 自然环境的影响

自然环境是指学前儿童在日常生活中所接触的由空气、水、阳光等元素组成的环境。随着科学技术和社会经济的不断发展,学前儿童的物质生活条件越来越好,但其所处的自然环境却不容乐观。受到污染的自然环境对学前儿童的心理健康会造成较大的伤害。

(1)空气污染

随着经济的不断发展,现代家庭的装修材料越来越丰富,现代化的家具也越来越齐全、高档。伴随而来的是,室内装修材料、电子产品等产生的影响使得学前儿童出现越来越多的问题。一般来说,室内污染容易诱发学前儿童罹患血液系统疾病(如白血病)以及呼吸道疾病(如儿童哮喘)。大量电子产品释放的辐射会对儿童的大脑产生不良影响,甚至可能造成儿童的智力下降。

(2)噪声的影响

学前儿童能承受的声音强度一般为80—90分贝,高强度的噪声刺激会使学前儿童的大脑皮层及自主神经功能出现紊乱并产生头晕、嗜睡或乏力等一系列症状。

2. 社会环境的影响

(1)家庭及家庭教育对学前儿童心理健康的影响

家庭对学前儿童心理健康的影响主要体现在两个方面。一是家庭的氛围。在现代大多数核心家庭中,由夫妻关系和亲子教育关系(育人态度与方式方法等)所支配的家庭气氛会对儿童的心理健康有十分重大的影响。例如父母的眼神、语言交流、行为举止、性格表现、作风习惯和对儿童的态度都会在无形中给儿童的心理以极大的刺激和启示,儿童在这样的家庭氛围中成长,逐渐形成他们自己的行为方式,并显现出心理和性格上的初步特征。良好的家庭氛围,可培养学前儿童良好的性格特征。二是家长对儿童的期望水平和教养方式。家长对孩子的适当期望,会激发儿童的发展动力;而过高的期望水平,会给儿童带来巨大的心理压力,从而引发一些行为问题或者心理障碍,对儿童的心理健康是非常不利的。家庭的教养方式一般可以分为专制型、放任型、溺爱型和民主型四种。家长的教养方式如果能和孩子的气质、性格互补,就能收到良好的效果。一般说来,民主型的教养方式比较适合大部分儿童。另外,家庭是学前儿童的原初环境,如果家长对子女的心理和行为能及早掌握,就能更早地采取相应的教育对策,同时家庭对学前儿童进行的教育也更能起到预防心理问题发生的作用。

(2)托幼机构及幼儿教师对学前儿童心理健康的影响

托幼机构除了在自然环境及心理环境的优化方面有助于学前儿童心理健康的维护外,由院所领导、幼儿教师、幼儿之间以领导方式、同事关系、师幼关系等元素构成的文化环境和精神氛围对幼儿的心理健康也会产生不可替代的影响。

托幼机构对学前儿童心理健康产生影响的直接媒介就是教师。幼儿教师会根据学前儿童的心理发展特点和常见的心理问题进行专门的、有针对性的心理健康教育,帮助儿童认识自身的心理特点,初步掌握心理健康维护的方法,并在早期与相关专家配合,以发现学前儿童的心理健康问题,及早进行治疗,最终促进学前儿童的心理健康发展。

教师除了通过教育手段促进学前儿童的心理健康外,还在其他方面对学前儿童的心理健康产生重要影响。首先是师幼关系的影响，幼儿园的师幼关系是幼儿园中最重要的关系之一，和谐、平等的师幼关系有助于学前儿童在一个安全的心理环境中发展。其次，幼儿教师自身的心理健康水平对学前儿童的心理健康也有影响。心理健康水平高的教师更能以宽容的心态对待学前儿童，当他们出现问题或者有错误言行时更能与他们进行良好的沟通。

（三）学前儿童自身的心理特点

1. 自我强度

自我强度是指个体应对内外压力的能力。动机是为满足个体的需要而促使其活动的诱因。如果学前儿童的吃、睡、呼吸、饮水、游戏、保持安全、被称赞等需要不能得到满足，就容易产生消极情绪，如紧张、恐惧、焦虑、冷漠等。在儿童的成长发展过程中，新的需要会随着旧的需要得到满足而不断产生，因此，儿童不可避免地会有受挫的时候。这样，儿童有一定的自我强度就显得非常必要，学前儿童要学会协调自己的需要和现实的反差，保持平衡的心态，从而保持心理健康。

2. 自我意识

学前儿童的自我意识虽不成熟、不稳定，但已经萌芽，对其后期人格的发展和行为适应影响很大。学前儿童的自我意识是在成人对其行为的评价、与同伴的对比、游戏等活动的成败中不断地形成的。这是一个自我认识、自我评价、调节行为与情绪的过程。我们要引导幼儿形成正确的自我意识，避免其因为自我意识不强而出现任性、执拗、退缩等情绪和行为问题。

四、学前儿童心理健康教育的意义

（一）学前儿童心理健康教育是我国社会发展和现代化建设的迫切需要

我国社会正处于飞速发展和不断变化的时期，无论是科学技术、社会生产，还是人们的生活方式和思想观念，都在不断地更新变化。经济高速发展的同时，要求人们的素质、道德规范跟上时代的步伐，以保障我们的物质经济建设成果。但是,现代社会中人们的生活节奏加快,人人忙忙碌碌,大多只关心自己,人际关系远比过去疏远,人与人之间缺少坦诚交流、相互关心和宽容。人的物质需要得到极大满足,精神需要却滞后的现实使得整个社会迫切需要一种全新的教育模式来改变现状,即有意识、有目的地培养学前儿童与现代社会相适应的心理品质和健全人格。同时,激烈竞争的社会环境需要有高水平的心理健康教育来帮助人们提高抗压能力,调节自身情绪,并培养勇于挑战的奋斗精神。

(二)学前儿童心理健康教育是儿童心理发展的实际需要

学前期是身心发展最迅速的时期,学前儿童对外界环境及其变化所产生的影响十分敏感,极易受到各种因素的影响,当然也包括不良因素的影响,这导致有些幼儿的心理承受能力很脆弱,自我评价和自我调节的能力很差。因此,学前儿童的生活环境与所受教育是否适当,直接关系到幼儿良好心理品质能否形成。适当的心理健康教育可以促进幼儿良好心理品质的形成,不恰当的环境影响与教育,会导致幼儿产生心理问题或心理障碍,乃至形成不良心理品质。

有关研究资料显示,幼儿的心理和行为问题是比较普遍的。任性执拗、情绪障碍、攻击性行为、语言障碍、咬手指甲等问题行为存在于不少幼儿中。对于这些心理问题与问题行为,如果不及时予以纠正,则会直接影响到他们的心理健康,乃至个性的形成。因此,开展心理健康教育有助于解决学前儿童发展中存在的心理问题与行为问题,并帮助其形成良好的心理品质,这是学前儿童心理发展的实际需要。因而,我们要切实有效地进行心理健康教育,满足学前儿童的心理需要,使学前儿童能在托幼机构中健康、愉快地成长,从而促进他们的全面发展。

(三)心理健康是学前儿童个性全面发展的重要基础

心理健康对学前儿童成长的意义是十分重要的,它是学前儿童个性全面发展的基础。心理健康教育能满足儿童的心理需要。在教育活动中,教师通过榜样示范、情景表演等多种方式促进儿童观察力、记忆力、想象力、自控力、适应力等心理品质的发展。这样的心理健康教育,可以促使学前儿童形成合理的需要、正确的动机、积极而稳定的情绪和顽强的意志品质等,促进他们心理素质的提升,而这些是儿童个性发展的基础。

第二节　学前儿童心理健康教育的目标与内容

一、学前儿童心理健康教育的目标

学前期是进行心理健康教育与培养健康心理的黄金时期。3—6 岁幼儿可塑性强，心理上极不成熟，自我调节及控制水平极低，易受环境等其他因素的影响，形成不健康的心理，如以自我为中心、做事不自信、缺乏责任感和竞争意识等，从而影响幼儿的发展。

学前儿童心理健康教育是根据幼儿心理发展特点，有目的、有计划、有组织地开展的以改善和提高幼儿的心理健康认识，培养幼儿的健康行为，维护和促进幼儿心理健康为核心目标的一系列教育活动。它是指导和帮助幼儿以健康、积极的心态去面对生活、面对生活中的人与事，以合理的、正确的方式去解决生活中发生的问题，逐步建立自信、乐观、积极向上的生活、学习态度等，形成良好的心理品质的学前儿童健康教育实践活动。

（一）学前儿童心理健康教育的总目标

1. 积极关心周围世界的各种事物和现象，有良好的观察、注意、想象、概括分析能力，有较强的求知欲，能认识自己与周围世界中各种事物、现象的关系，具有良好的自我意识和社会性意识。

2. 形成良好的情绪与情感，初步学会表达和控制自己的情感，能和同伴积极友好地相处，善于表现自己，懂得调控自己的言行，能听取父母及教师的教导。

3. 知道必要的心理健康常识，学习保护自己。有爱心，懂得帮助他人，有恒心，遇到困难能坚持或想办法解决。

4. 具有一定的生活自理能力与学习能力，初步养成良好的卫生习惯。

(二)学前儿童心理健康各年龄阶段目标

学前儿童心理健康教育各年龄阶段目标见表5-1。

表5-1　学前儿童心理健康教育各年龄阶段目标

年龄阶段	教育目标
0—3岁	1. 幼儿情绪愉快,对周围人产生信任感,能逐步适应集体生活,情绪安定、愉快 2. 幼儿生活在轻松、愉快、亲切的环境中,情感、想象、思维及性格等正常发育,语言发育更为迅速 3. 生活、卫生习惯良好,有与年龄相适宜的基本生活自理能力
3—4岁	1. 情绪比较稳定,很少因一点小事哭闹不止 2. 不高兴时能听从成人的哄劝,较快地平静下来 3. 在他人的帮助下能较快适应集体生活 4. 幼儿具有一定的生活自理能力,初步养成良好的卫生习惯 5. 幼儿能用适当的方式表达情绪,初步学会排解自己的不愉快,喜欢与别人分享快乐 6. 愿意与同伴合作游戏和玩玩具,能勇敢地玩一些户外大型玩具 7. 知道男女在外形上的不同,知道并认同自己的性别角色
4—5岁	1. 经常保持愉快的情绪,不高兴时能较快缓解 2. 需要不能得到满足时能够接受解释,不乱发脾气 3. 愿意把自己的情绪告诉亲近的人,一起分享快乐或求得安慰 4. 能较快适应人际环境中发生的变化,如换了新教师能较快适应 5. 喜欢幼儿园的集体生活,能与小朋友互相合作,团结友爱,愉快地与同伴一起进行各种活动 6. 能自觉遵守活动的规则和要求,具有一定的求知欲,初步形成良好的生活与学习习惯 7. 关心周围人、事、物,学会爱自己的亲人、朋友及教师

续表

年龄阶段	教育目标
5—6岁	1. 经常保持愉快的情绪,知道引起自己某种消极情绪的原因,能努力化解 2. 表达情绪的方式比较适度,不乱发脾气 3. 能随着活动的需要较快地转换情绪和注意 4. 能较快融入新的人际关系环境,如换了新的幼儿园或班级能较快适应 5. 学习与人合作、分享的能力,学会用积极的心态去理解别人、帮助别人 6. 学会思考问题,具有一定的独立学习与生活能力 7. 正确对待挫折、困难,勇敢坚强。能体验到成功的快乐,对力所能及的事情有自信心,具有较强的竞争和合作意识

二、学前儿童心理健康教育的内容

学前儿童心理健康教育的内容包括情绪及情感教育、社会适应性教育、行为习惯教育、独立生活教育及初步的性教育。

(一)帮助幼儿学会表达自己的情感和调整情绪

幼儿由于情感发展偏差而产生情绪障碍时,应及时采用有效的方法去消除其情绪障碍。一方面要帮助幼儿改变认知方式、调整认知结构、学习调整方法,尽力使幼儿对所遇到的问题有较为正确的认识。另一方面应通过情感演示、行为练习等方法为幼儿表达情感、学习好榜样创造条件,使幼儿的情绪、情感得到健康发展。

1. 学习用正确的方式表达自己的情感

让幼儿认识喜、怒、哀、乐等表情,丰富幼儿的情绪体验,让幼儿通过倾诉、绘画、演唱歌曲、讲故事、表演等方式,了解各种表情与情感之间的联系。

帮助幼儿学会恰当地表达自己的情感。幼儿在不同的场所及氛围中应有相应的规范行为,对自己的情绪具有适宜的控制力。如在客人面前不能无故发脾气,在医院、电影院里不能大声喧哗等。要为幼儿提供机会,让幼儿能大胆、自信地表达自己的情绪、情感和思想。特别是在幼儿遇到挫折、感受到不愉快时，能不受压抑地表达、发泄和沟通，以减轻其心理上的压力，避免产生过激行为。

2. 掌握常用的情绪调整方法，保持良好的心态

(1)注意力转移

幼儿情绪冲动性强，情绪表现强烈而难以自制，有时会陷入某种情绪状态而无法自拔，比如刚入园的幼儿经常哭闹等。教师可以用幼儿感兴趣的活动或者玩具帮助其从不良情绪状态中摆脱出来，使幼儿逐步学会用转移注意力的方法调整自己的不良情绪。

(2)合理宣泄不良情绪

幼儿在生活中随时可能会产生一些不良情绪。这些情绪如果不能得到及时宣泄，就会导致幼儿在身体及心理上出现问题。教师应为幼儿创造宣泄不良情绪的时间与空间，通过教学活动等多种方式，引导幼儿学会用正确的方式释放不良情绪，减轻内心的压力。例如，通过体育活动、游戏活动、创设心情屋等方式引导幼儿学会合理宣泄不良情绪。

(3)从兴趣喜好入手

幼儿喜欢唱歌、跳舞、绘画、手工、欣赏音乐及多种体育活动，这些活动可以陶冶幼儿情操，丰富幼儿的日常生活，减少幼儿的不良情绪。在情绪不愉快时，幼儿也可以选择自己最喜欢或者最适宜的方式调整自己的心态，只有这样，幼儿的情绪、情感才能真正得到健康的发展。

3. 帮助幼儿正视自己及他人

帮助幼儿正视自己及他人身体上、能力上的缺陷和不足，用积极的心态去面对。如大班幼儿已经对自己的外貌有了一定的认识，这时可用故事《美丽的雀斑》引导幼儿正视自己或他人外貌上的不足，让幼儿在心理上肯定自己、认同他人。在美术课上，可以用镜子照照自己、看看别人、画画自己或者好朋友的样子，在教师的指导下开展多样化的比较，知道每个人都有优点与不足。

(二)帮助幼儿学习社会交往技能

学前期是人际交往发展的关键时期，人际交往是人与人之间心理上产生相互影响的过程。通过交往，可以培养他们了解他人情感和需要的能力、解决生活中实际问题的能力,养成良好的行为习惯,达到互相交流信息、协调彼此间的关系并共同活动的目的。在幼儿园中,教师要为幼儿提供交往的机会、沟通的环境及丰富的交往内容,充分发展幼儿的交往能力。

1. 准确认识、评价自己与他人

以自我为中心是幼儿重要的心理特点,并且幼儿对自己与他人的评价还不成熟,常常依赖于成人的评价,如“妈妈说我特别漂亮”“老师说他是好孩子”等。幼儿常常容易从情绪出发进行评价,缺少理智成分,这样的评价自然会影响幼儿在同伴交往中的心态及策略。教师对每个幼儿的评价均应客观与公正,同时可以通过讲故事等方式,帮助幼儿逐渐形成对自己与他人的准确评价,正视自己与他人的优点与不足,并能用积极的心态去面对。

2. 学会分享与合作

幼儿只有学会与人和谐相处,学会分享物品,互相合作,恰当地表达自己的愿望,考虑他人的要求,用恰当的方法解决冲突,才能更好地与他人交往。

教会幼儿在使用玩具、用具时能与同伴分享,不独自占有,能耐心等待;当需要向他人借东西时,先经过他人的同意,并在用后及时归还;当他人正在活动时,应以适当的方式请求参与等。鼓励幼儿及时表达内心的想法,尽可能求得他人的理解以满足自己的合理需求,同时注意观察他人的情绪变化,以减少消极情绪的产生。教师可以设计一些节日的庆祝活动,让幼儿带上自己喜欢的玩具和食品与同伴一起分享,感受和表达与同伴分享的快乐。在游戏和教育活动中,教师可以让幼儿自己动手制作小点心、小食品,讲讲自己知道的故事、儿歌、笑话,表演歌曲、舞蹈等小节目与同伴、教师一起分享,体会成功和分享的快乐。

通过教师引导,幼儿在游戏活动中能理解同伴的兴趣和爱好,积极地提出自己的建议和意见,愉快地与同伴友好合作。小班幼儿在活动中学习和大家一起唱歌、游戏、玩玩具,体会与同伴玩耍的快乐。中、大班幼儿逐步学习在活动中相互谦让、一起商量、分工合作,共同完成一些工作或游戏内容。

3. 学会尊重与互助

尊重他人是社会交往中的重要准则。幼儿应学会有礼貌地称呼教师、同伴、周围邻居等,并用礼貌的方式打招呼。小班幼儿可以用角色游戏、活动的方式学习正确地称呼周围的人,用故事、情境表演等形式学会礼貌地和人打招呼,进行交流。

教导幼儿能用积极的心态理解、关心和帮助他人,学习处理与同伴之间的矛盾;能用自己的感官来发现他人的不良情绪状态,并能用同情、关心的方式对他人进行语言、行为上的帮助,引导他人进入良好的情绪状态中。如小班幼儿在教师的带领下,看见别的幼儿哭,能用语言进行安慰,如"别哭,妈妈下班来接你"等。中班幼儿通过故事(如《两只笨狗熊》)、图片等的学习,知道怎样处理同伴间的矛盾。大班幼儿能主动用语言、行动等去关心需要帮助的同伴,发现同伴的优点、长处,相互学习,共同进步。

4. 学习与陌生人交往的一些技巧和方法

幼儿应该知道家里没大人,不能给陌生人开门,可以通过"小兔乖乖"等与人交往的故事对幼儿进行教育。还可以进行情境创设活动:我一个人在家、我和妈妈走散了、在回家的路上……通过幼儿间的讨论与教师的讲解,知道自己遇到这些情况时应该怎么办。

(三)帮助幼儿形成良好的行为习惯

培养幼儿良好的行为习惯,需要家庭与幼儿园形成合力。一方面,家长应树立正确的教育思想,坚持不懈地与幼儿园密切配合,目标一致,使幼儿在幼儿园里形成的良好行为习惯在家里得以巩固和发展。家园合力,贵在坚持。只有持之以恒,幼儿才能形成稳定的、良好的行为习惯。另一方面,幼儿园也要多向家长宣传科学的教育方法,提高家长的参与积极性。如教师可以发动家长与幼儿一起讨论制定行为规范,要让幼儿认识到习惯的重要性,要制定合理的培养目标,并逐步实施。良好行为习惯的培养是一种长期的、日积月累的、循序渐进的、耐心细致的工作,需要我们投入更多的时间和精力去完成。

1. 爱清洁、讲卫生,养成良好的卫生习惯

如勤洗澡、洗手、理发,不乱扔垃圾,不乱吐痰,早晚刷牙等都是良好的卫生习惯。教师可以通过一些朗朗上口的儿歌、生动有趣的故事,让小、中班幼儿知道爱清洁、讲卫生是大家喜欢的好习惯。例如,儿歌《小刺猬理发》《大家爱清洁》,故事《小猪变干净了》《猪八戒吃西瓜》等都是幼儿喜欢的作品。

2. **生活有规律，养成良好的生活与学习习惯**

幼儿按时作息，养成科学的、规律的生活习惯。例如，在幼儿园中，每班根据自己的实际情况制定切实可行的班级常规，持之以恒，幼儿将会形成良好的生活与学习习惯。

3. **纠正幼儿一些不良的行为习惯**

攻击性行为、退缩性行为、依赖行为、神经性尿频、呕吐、异食等都是不良的行为习惯。教师要观察班级每个幼儿，记录幼儿的活动情况，发现有不良行为习惯的幼儿，要予以分级归类，个别纠正。根据有无问题、问题的严重程度、行为持续时间，幼儿的行为可分为三种情况：第一种是正常行为，第二种是行为偏差，第三种是行为障碍。教师发现有不良行为习惯的幼儿，要与家长积极沟通，找出幼儿不良行为习惯的根源、出现时间的长短，指导家长与教师密切配合，共同纠正。

（四）锻炼幼儿独立生活和学习的能力

1. **学习自己的事自己做，培养幼儿的独立生活能力**

（1）把握幼儿的活动兴趣，及时创设条件放手让幼儿做自己力所能及的事。幼儿教师在培养幼儿独立性的活动中一定要重视“做”的过程，如选择游戏、选择区域、选择玩具时，都让幼儿自己做主。在玩角色游戏“娃娃家”时，应让幼儿自己整理床铺、洗脸、洗手、擦嘴，从而锻炼幼儿的自理能力。

（2）给幼儿一个固定的家庭空间和幼儿园小空间，让幼儿自己学习管理。教师在培养幼儿的独立性时，要教育他们自己的事情自己做，遇到困难要自己想办法解决，学会独立思考。及时肯定幼儿的独立行为并和家长取得联系，使幼儿的这些独立行为得以保持。

2. **为幼儿创设学习条件，让其尝试自主学习、探究学习**

（1）让幼儿有一个尝试的空间，增加幼儿探究及表现的机会。帮助幼儿制订自己的计划，让幼儿按自己的方式和意愿去尝试。

（2）教会幼儿用自己的各种感官来感知事物，通过看看、听听、做做、想想，逐步养成其独立思考、自主学习的能力。例如,在各种活动中,培养幼儿自己动手操作,自己动脑思考问题的能力,知道自己有一个聪明的大脑,有与众不同的想法是很棒的。让幼儿体会到通过自己的思考发现问题、解决问题、获得成功的快乐。

3. 纠正幼儿过分依赖成人的不良行为

对于在生活上、学习上有依赖行为的幼儿,可以采取个别谈话的方式,指出其问题,帮助幼儿通过自己的努力获得成功,并在全班予以表扬,以确立幼儿的自信心,逐步帮助幼儿克服依赖的思想和行为。

(五)对幼儿进行初步的性教育

随着年龄的增长,幼儿渐渐地开始注意到自己的外表、自己的特质,会形成很强烈的性别印象,有了“女小朋友”“男小朋友”这样的想法。这时若同幼儿谈论身体,就要带着性别语言来区别或提示他们。

1. 正确的性别认识

幼儿应对自己及身边的人有一个正确的性别认识,认识家庭里的人及幼儿园里的教师、同伴。教师可用游戏的形式,使幼儿知道自己是男是女。例如,游戏“不一样”,听教师的指令,男、女孩分别做不一样的动作,男孩蹲下、女孩站立,男孩摸头、女孩拍手,初步分辨自己和别人的性别。

2. 了解男、女孩不同的特点

使幼儿了解男、女孩不同的外形及穿衣、打扮特点,活动方式特点。教师用图片的方式,引导幼儿从外形及穿着上的不同,进一步区分男、女孩,如:女孩留辫子,喜欢穿好看的衣服、裙子;男孩留短发,穿帅气的男装。请幼儿自己说说男、女孩有哪些不同:男孩站着小便,女孩蹲着小便;男孩喜欢玩打仗的游戏,喜欢玩车、枪等玩具,女孩喜欢玩洋娃娃、毛绒玩具;等等。

3. 加深自己的性别认同

引导幼儿用表演、角色游戏的方式,模仿、学习与自己同性别的成人的行为、语言方式,加深自己的性别认同。如男孩学习爸爸的声音(粗粗的),修理家中的东西,看报等;女孩学习妈妈抱娃娃,给娃娃讲故事,整理家务等。

4. 纠正幼儿的性角色偏差

对有性别偏差倾向的幼儿,教师要与家长取得联系,找出问题产生的原因,家园配合及时纠正。

(六)创设健康的生活环境

创设健康的生活环境是培养幼儿心理健康的重要手段。良好的环境能给予幼儿潜移默化的影响,使幼儿情感和行为受到感染,有利于幼儿良好情绪的产生,如和谐、平等、信赖的人际关系,关心、肯定、鼓励的教育方法,健康、向上、唯美的大众传播媒介,安定、宽松的社会文化环境,都能使幼儿情绪、情感获得良好发展。

1. 幼儿园、家庭要以平等、尊重的方式对待幼儿

幼儿虽然小,却是一个独立的个体,家长、教师、其他成人应该以平等的方式对待幼儿。无论是在家庭中还是在幼儿园中,都应该有幼儿说话的权利自由,尊重幼儿的人格,使幼儿健康、快乐地成长。

2. 创设自由、宽松的生活和活动氛围

活动室、幼儿起居室的布置,应该符合幼儿的心理和年龄特点。教师、父母不应以长辈、权威的命令和绝对服从的方式来教育幼儿,而应以友爱的、说理的方式来引导幼儿,使幼儿能感受到成人对自己的关爱,能以积极、健康、快乐的方式接受来自教师、父母的批评和指导。家长、教师应严格要求自身的言行,避免自身的不良行为(如酗酒、赌博、成人间打骂、留宿不良人员、说粗话等)给幼儿心理造成不良影响。

第三节 学前儿童心理健康教育的实施

一、学前儿童心理健康教育的实施

(一)学前儿童心理健康教育的原则

1. 预防为主的原则

幼儿处在身体不断成长的过程中,其心理活动也在变化中逐渐走向成熟。对幼儿的心理健康教育应注重发展,强调预防。对幼儿的心理健康教育要与幼儿的生活紧密地联系起来,融入幼儿生活的各个环节,让幼儿参与到教育活动中,通过听、说、看、想、做的过程,逐步形成良好的心理品质,形成健康的人格心理。在幼儿认识和行为出现偏差时应及时采取针对性的措施进行干预,不能等到幼儿有了心理健康问题再进行治疗、解决,要坚持以预防为主,防治结合,防重于治。

2. 常规教育与随机教育相结合的原则

幼儿心理素养和心理品质的培养和提高要与体育、游戏、艺术等活动有机结合,全面地渗透到教育体系当中。日常的心理健康教育课程面向全体幼儿,以预防为主。在面对个别幼儿的“突发”事件时,教师和家长要学会随机应变,在第一时间迅速做出反应,给予幼儿相应的指导和帮助。因此,在对幼儿进行心理健康教育时要重视将常规教育与随机教育相结合,以取得最好的教育效果。

3. 因材施教的原则

因材施教的原则是指对幼儿进行心理健康教育时要区别对待不同能力水平和不同气质、性格类型的幼儿。幼儿在教育过程中所表现出来的行为常常反映着不同的个性心理特征,教育者要针对不同教育个体采取与之相应的教育措施。例如,属于能力方面的原因应给予理解并进行个别帮助;属于气质方面的原因应进行提醒、劝告,帮助其查找自身不足;属于性格方面的原因则要做出较严厉的批评,以使其留下较深刻的印象,促使其尽快改正。教育者在教育方式、目标要求上要注意灵活性和区别性,不要强求一致、简单划一。例如:对于活泼型的幼儿,不要溺爱;对于腼腆型的幼儿,不要过于心急;对于乖巧型的幼儿,不要提过高要求;对于问题型的幼儿,不要过多责难。

4. 家庭、幼儿园、社区合作共育的原则

幼儿生活在幼儿园、家庭和社区中,幼儿园实施的心理健康教育和家庭教育、社区教育共同引导着幼儿形成健康的心理。只有各方面共同努力,协调配合,形成幼儿心理健康教育的良好大环境,达到教育的一致性和延续性,才能收到最好的教育效果。

(二)学前儿童心理健康教育的途径和方法

1. 学前儿童心理健康教育的途径

(1)班级开设心理健康活动课,系统而科学地进行心理健康教育

对于心理健康教育中某些幼儿不太容易理解的健康常识、不太容易掌握或需要系统训练的健康行为技能等,教师可以通过有目的、有计划、精心设计的教学,引导并启发幼儿探究、理解和掌握。幼儿园要进行长期、系统、科学的课程设置和教育实施,同时将学前儿童心理健康教育有机地渗透在幼儿园各领域的教育之中,帮助幼儿形成健康的心理。

(2)发现问题,班级教师进行及时教育

日常生活中的各个环节都可以用来对幼儿进行心理健康教育。一方面,日常生活中的心理健康教育自然、及时;另一方面,日常生活中的心理健康教育能在其他教育活动中得以延伸,有利于巩固幼儿的健康行为。幼儿入园后,会遇到进餐、如厕、就寝等生活方面的问题,教师可以在各个环节中适时地予以指导,而不必等到在专门的心理健康教育活动时进行。幼儿的心理状况往往外显为语言和行为,在日常生活中表现出来,教师应该适时对幼儿予以引导和教育。在常规安排的活动之外,对于突发事件,教师应迅速做出反应,给予幼儿相应的帮助和指导。

(3)家园配合,做好幼儿心理健康的预防和矫正工作

教师应通过网络、电话或深入幼儿家庭的访谈,获取有关信息,指导家长了解幼儿心理健康方面的知识,及时发现有心理健康方面障碍的幼儿,做好对这些幼儿的系统观察,通过记录这些幼儿的问题行为、生活背景,与其家长进行沟通,了解这些幼儿的在家表现、家庭情况,找出形成障碍的原因,再进行分析和个别心理辅导,促进家园配合,共同做好对这些幼儿心理障碍的矫正工作。教师应坚持不懈地关注、帮助这些幼儿克服心理障碍,纠正问题行为,引导他们的性格向更和谐、更完美的方向发展。

(4)开设家长学校,定期就幼儿的心理健康问题进行研讨

幼儿园应定期组织家长,开展一些有关幼儿心理健康方面的讲座和研讨活动,使家长在思想上足够重视,行动上积极配合,真正做到幼儿心理健康的家园共育,防治结合。

(5)幼儿园设置心理健康教室

配备专业幼儿心理健康指导教师,对心理健康方面有问题的幼儿进行初步干预,对于有心理障碍的幼儿,要视障碍程度进行分级管理和分别矫正。对于特别严重的,教师可建议家长带幼儿到专业的心理咨询师处进行系统的矫正。

2. 学前儿童心理健康教育的方法

(1)讲解和谈话法

讲解和谈话法是指向幼儿讲解有关心理健康的一些粗浅知识,在提高幼儿认知水平的基础上,通过和幼儿谈话,使幼儿认识到自己行为的正确与否,及时纠正行为偏差,帮助幼儿形成健康的心理的方法。教师在运用这一方法时一定要循循善诱,让幼儿自己意识到自己的言行正确与否,是否给同伴带来了不良影响等,教师使用的语言要符合幼儿的认知水平。

(2)亲身体验和情境表演法

亲身体验和情境表演法指让幼儿以亲身体验或表演的方式,体会生活中的不同角色在一定情境中遇到的问题和冲突,并让幼儿做出合乎社会规范的行为反应,说出感受,使之选择合乎健康心理的行为的方法。教师在运用这一方法时要注意选择符合生活实际的情境,及时对幼儿的反应和感受予以引导。

(3)事例分析法

事例分析法指针对幼儿中发生的事情,列举相同或相似的事例进行分析或

讨论，让幼儿自觉产生相应的健康行为方式的方法。教师在运用这一方法时应注意多选择正面事例，为幼儿多树立榜样，举反面事例时要注意引导。

(4)操作法

操作法是指导幼儿通过操作的方式，对行为方式和操作技能进行练习、巩固和提高，从而形成稳定的、良好的健康行为方式的方法。教师在运用这一方法时应注意把握指导的尺度、幼儿操作的兴趣及操作的完成度等。

(5)图表法

图表法是指通过图表展示的方式，展现幼儿在哪些方面取得了进步或应该注意哪些方面，及时纠正幼儿的不良行为，表扬良好行为，促使幼儿形成健康行为方式的方法。教师在运用图表法时应注意表扬和纠正的及时性、公正性和公平性。

(三)学前儿童心理健康教育应注意的问题

1. 提高教师的心理健康水平

首先教师应提高自己的心理健康水平，合理安排和处理教学以外的事务，确保以良好、健康的心理进行教学和指导；其次在教学中切实以自己的言行给幼儿积极的影响，恰当地指导幼儿积极面对日常生活中发生的影响心理健康的事情，促使幼儿心理朝着健康的方向发展。

2. 幼儿园应与家庭建立密切的联系

教师应通过定期走访，网络、电话交流等方式与幼儿家长保持联系，进而密切幼儿园与家庭的关系。幼儿园应为新入园幼儿的家长发放家长手册，内容涉及园所的状况、理念、课程、注意事项，对相关的幼儿心理问题的介绍和解决办法的说明。教师应为每个幼儿建立一个小档案，利用早、晚接送幼儿的时间，向家长介绍幼儿在园情况，运用家园联系册、家长园地、班级网页等，加强与家长的日常联系，使家长对幼儿在园的情况有所了解。通过阶段性的家园联系，如家访、家长会、家长开放日等形式，密切教师与家长之间的联系，增强家园之间的相互理解，以利于相互配合。成立家长学校，为家长提供更多的教育幼儿的有效方法。成立家长委员会，家长委员会作为幼儿园与家长联系的桥梁，能让每位家长充分了解自己的孩子，能使幼儿在家与园中形成的良好心理状态得到巩固、提高和发扬。

3. 关注留守儿童和父母离异儿童的心理健康

留守儿童、单亲家庭和突发事件的出现，容易使一些幼儿过早在心里留下阴影。幼儿园开设心理辅导课，开展心理咨询、心理矫正活动，定期开展思想教育、情感教育、独立生活教育和体谅父母教育活动等，能使留守儿童和单亲儿童感受到关爱，体验到生命成长的快乐与幸福，消除不良情感体验，树立乐观向上的生活态度，形成健康的心理。

4. 重视家庭教育环境在幼儿身心发展上的重要作用

构建良好的家庭氛围，精心打造幼儿的健康心态。父母应以身作则，做幼儿健康心态的表率，尊重、信任幼儿，营造健康的精神氛围和良好的家庭教育环境，促进幼儿身心健康成长。幼儿的健康成长离不开良好的家庭教育环境。作为家庭教育的实施者，家长应不断更新教育观念，用发展的眼光看待幼儿，要把幼儿当作有活动能力、有发展主动性的人来对待，并按照幼儿的年龄特点、心理特点去教育他们。不同的家庭、不同的父母，所实施的家庭教育迥然不同。家长们是否有正确的家庭教育观念、科学的家庭教育方式，对幼儿身心能否健康发展有着至关重要的影响。

5. 对幼儿常见心理健康问题及时采取应对策略

(1)自闭症的应对策略

自闭症也称孤独症，是一种由大脑、神经及基因等因素所引起的综合征，表现为人际交往障碍，沟通交流异常，兴趣和活动内容局限、刻板与重复等症状，可通过音乐疗法、行为疗法、感觉统合训练、游戏法等进行治疗。自闭症幼儿的家庭成员也要注意克服焦虑、自责、急躁情绪，要多接近、多关心患儿，给他们更多的爱。

(2)分离焦虑

幼儿分离焦虑是幼儿与其依恋对象分离时产生的过度焦虑情绪，表现为恐惧、紧张和不安。教师要以形体、语言主动亲近幼儿，让幼儿从对养育者的依恋转移到对教师的依恋上，消除幼儿入园焦虑。教师应尊重幼儿在家中的一些习惯，让幼儿有安全感，以减缓幼儿的心理压力。

(3)任性行为

任性行为是幼儿普遍存在的问题,表现为固执、乱发脾气、不听别人劝说等。幼儿出现任性行为时,教师可以分散幼儿的注意力,把幼儿的注意力转移到有趣、新奇的事物上去。家长要把握幼儿的任性行为的特点,以预先告知的方式来预防幼儿任性行为的出现。当幼儿任性行为出现时可以采取冷处理的方法,也可以采取适当的惩罚措施。

(4)攻击性行为

攻击性行为是一种有意图的、对他人造成损害的行为,它与亲社会行为相对立,是较严重的、消极的问题行为,如幼儿对同伴频繁表现出恶意的打、咬、抓、扯、踢、撞、辱骂和抢夺他人玩具的行为等。教师对幼儿的日常生活环境进行适当控制,尽可能减少幼儿产生攻击性行为的机会。加强对幼儿交往的指导,对于幼儿的攻击性行为,要予以批评教育,教会幼儿宣泄自己不良情绪的正确方法。家长要注意给幼儿树立好的榜样,杜绝自己的争吵、谩骂或大打出手等攻击性行为。

二、学前儿童常见心理问题的表现及矫治

学前儿童常见的心理问题主要有:情绪障碍、睡眠障碍、进食障碍、品行障碍、言语障碍、神经性习惯等问题。

(一)情绪障碍

学前儿童在其成长的过程中,都有过恐惧、担忧、焦虑等情绪体验,这是正常的,但是当这些情绪发展成为过度的、削弱身体机能状态的不良情绪时,则会影响个体的健康成长。

1. 儿童期恐惧

儿童期恐惧是指幼儿面对当前的危险情绪,具有强烈的逃离倾向。产生的原因是多方面的,如特殊刺激、共鸣、受到惊吓等。不同年龄儿童的恐惧对象见表5-2。

表 5－2 不同年龄儿童的恐惧对象

年龄	恐惧对象	年龄	恐惧对象
0—6 个月	巨声、失去支持	3 岁	狗、孤独一人
6—9 个月	陌生人	4 岁	黑暗
1 岁	分离、外伤、如厕	6—12 岁	上学、外伤、自然灾害、社交
2 岁	幻想中的生灵、死亡、坏人		

案例分析

幼儿惧怕雷声

刚开学不久的一天中午，正是睡午觉的时间，孩子们都在自己的小床上安静地熟睡着，一张张小脸都沉浸在美梦之中。突然，狂风大作，电闪雷鸣。所有的小朋友都被这轰隆隆的雷声惊醒了，但谁也没有其他异常的表现，有的幼儿翻了翻身子就又睡着了。唯有小明，吓得捂着被子哭了起来！对于雷声，他表现出了一种不同于其他幼儿的恐惧。

原因分析

幼儿害怕打雷、大火、打针都属于正常现象，很多幼儿都会对这类现象有恐惧心理。这跟幼儿的心理发展还不成熟有一定的关系，也跟幼儿 3 岁以前与家长之间的依恋有一定的关系。幼儿早期不稳定的依恋关系会导致幼儿内心产生不安全感。在跟小明的家长做了详细的沟通之后，教师了解到，在小明的幼儿早期并没有经历过与主要依恋者（母亲）的分离，而且，他的妈妈一直都没有上班，而是在家带他，他早期的依恋关系是稳定而安全的。

小明害怕打雷是因为当时他身边没有熟悉的人，没有安全感。那时候刚开学，小朋友们刚上大班，老师都是新的，教室、睡眠室也都是新的。跟老师不熟悉，而熟悉的小朋友又不能保护自己，孩子心里一时害怕，所以才会哭。如果有熟悉的人在身边，他就不会那么害怕了。这也可以说小明的心理发展还不够成熟。

对儿童期恐惧的预防，关键在于教育。要鼓励儿童观察和认识自然现象，任何情况下都不要恐吓儿童，禁止儿童看恐怖影视、图片，同时通过集体活动，培养儿童不畏困难，勇敢坚强的意志，来克服恐惧情绪。

2. 屏气发作

屏气发作又称呼吸暂停症，是指儿童在遇到发怒、惊恐、不如意的事或剧烈哭闹时，突然出现急剧的情绪爆发，旋即发生呼吸暂停的现象。屏气发作时，屏气导致高碳酸血症和脑缺氧，加上哭泣时的脑血管收缩和继发性呼吸道痉挛，使心跳减慢引起血流量减少，导致最后出现昏厥及抽搐。

儿童的屏气发作一方面可能由某种心理因素触发；另一方面是机体缺铁所导致的。预防屏气发作，应尽量消除可引起儿童心理紧张的各种因素，正确教养，不溺爱孩子，补充铁剂，纠正贫血，同时注意合理膳食。孩子发作时，家长应镇静，待其恢复后设法转移其紧张情绪。

3. 儿童暴怒发作

儿童在欲望或要求得不到满足或受到挫折时，可能会出现剧烈的情绪变化，如哭闹、在地上打滚、尖叫、用头撞墙、撕东西、扯头发等短时间内无法通过劝说而终止的过火行为，称为暴怒发作，又称发脾气。在儿童期尤为常见，男孩女孩均可发生，没有明显的性别差异。预防学前儿童的暴怒发作行为，应从小培养儿童懂道理、讲道理的品质，不要溺爱和迁就儿童。对于正在发作的儿童可以尝试以下方法。

(1)冷处理法

当儿童发脾气时，暂时冷处理，这样，儿童发现自己发脾气达不到目的便会自然平息。切莫在儿童发脾气时向他发火，那样，一方面会使儿童的情绪更加激动，另一方面也会让儿童误认为发脾气是解决问题的正确方式，以后也用发脾气对付别人。

(2)转移注意法

如果儿童因想要玩而发脾气，可用他喜爱看的动画电视节目或其他事情来吸引他，转移注意力。待其暴怒发作过后再加以安慰，并进行教育。

(3)暂时隔离法

当儿童的暴怒发作无法控制时，可将他放入设置简单的房间内，在暴怒发作消除数分钟后再解除隔离。但要随时注意观察，防止儿童自伤、触电、跳楼等意外情况发生。

4. 分离焦虑

分离焦虑是幼儿时期较常见的一种情绪障碍，主要是指幼儿与亲人分离而引起的焦虑、不安或不愉快的反应。而这种不适应行为或情绪，依不同年龄，会有不同的行为反应。例如：较小的孩子，会表现出紧紧抱着父母不放、害怕、非常爱哭等行为；而较大的孩子，则会有惧怕的表情出现，情绪非常不稳定、又叫又跳、耍赖、大哭、躺在地上不起来等。

案例分析

过度依恋

蕾蕾刚入园，她一进教室，就哭："我想妈妈！"妈妈一走，她就会找上一个老师，嘴里说"抱抱，抱抱"，而老师不可能一直抱着她，但她还是跟着老师，拉着老师的手，她喜欢单独跟着一个老师或阿姨。如果老师抱抱她，她就不哭了，或者哭得声音小了。

原因分析

蕾蕾进入幼儿园这个陌生的环境，离开了家人，恐惧、忧虑等情绪油然而生，情感上如断乳期一般无法适应。蕾蕾主动要求老师抱抱的想法是可以理解的，老师的拥抱使她感受到母亲般的爱抚，感到了安全，满足了蕾蕾的情感需要。可以让蕾蕾对老师产生亲切感和依恋感，从而缓解入园焦虑，逐渐适应幼儿园生活。

孤单

成成到幼儿园来的第一天，总是静静地坐在自己的座位上，眼泪时不时地要往下掉，显得很孤单。第二天哭得没有那么厉害了，但还是独自一个人静静地坐，不与别的小朋友玩。如果发现有人在看着他，他会马上走开，嘴里说："不和你们玩了。”

原因分析

成成是个胆小的孩子，离开了家，离开了自己熟悉的环境，会感到不适应，对陌生的环境，他感到害怕，不敢主动去接触人。老师应尽量给他创设宽松、和谐的心理环境，让他产生安全感、信任感。每天来了都对他笑一笑，拉一拉他的手，摸摸他的头，每天主动找他聊聊天，说一些轻松的话题，让他感受到老师在关注他，老师喜欢他。

对于过度焦虑的儿童可以进行心理治疗；对于焦虑反应程度较轻的儿童，主要采取在心理上支持以及教育的方法。

(1)积极引导。在孩子入园之前要让孩子知道幼儿园是个有趣的地方，家长可以不断地跟孩子说：老师像妈妈一样地爱你，老师就像是你的朋友，你有什么不高兴的事，都可以和老师说。首先要让幼儿在心理上不排斥老师，这样老师才可以接近幼儿并加以引导。其次，家长要向孩子解释幼儿园有很多小伙伴在一起玩游戏，老师、阿姨还会和大家一起做很多有意义的活动，可以学本领，使孩子对幼儿园留下一个好印象，并且产生向往与期待。

(2)形成新的依恋关系。分离焦虑主要是幼儿失去了所依恋的人，出现了不安全感，要让幼儿不产生焦虑，适应父母不在场的环境，就要让其与老师建立新的依恋关系。

(3)增强幼儿园的吸引力。家长来接孩子时，不要接了孩子马上就回家。幼儿园一般允许家长陪幼儿在户外活动场地的活动器械上玩一会儿，但要注意安全。当孩子玩得高兴时，家长要表示应该结束了，并答应他明天再来玩。这样，幼儿可能会怀念在幼儿园玩耍的情景，第二天就有了去幼儿园的动力。

(4)注意培养孩子的生活技能。焦虑的产生有时还因为幼儿的生活能力差，在幼儿园需要自己动手的事情不会做，尤其是在吃饭和睡觉的时候，自然就会想妈妈了。所以在孩子入园前，家长应该给予生活技能上的指导，如要求他坐在桌子旁自己吃饭，不能在吃饭时随意走动等。家长应指导孩子试着在大小便后自己提裤子，自己洗手，自己睡觉，认识自己的物品等。

（二）睡眠障碍

儿童睡眠障碍时常表现为在临睡前不愿意上床，上床后不能入睡、浅睡、易醒或早醒，在睡眠时，不停地翻动、讲梦话、磨牙或哭喊等。

1. 梦魇

梦魇是学前儿童中较为多见的一种睡眠障碍，以儿童做噩梦为主要表现。儿童在做噩梦时，伴有呼吸困难、心跳加快等现象，自觉全身不能动弹，在惊醒或被唤醒后，仍有明显的情绪不安、焦虑和恐惧，出冷汗，脸色苍白。诱发儿童梦魇的因素很多，例如，儿童患上呼吸道感染或肠道寄生虫病等。消除儿童的内心矛盾冲突，缓解心理紧张，对其身体疾病进行及时治疗，都是预防和消除梦魇的必要措施。

2. 夜惊

夜惊是学前儿童中常见的另一种睡眠障碍。儿童在入睡后不久，突然坐起来，尖叫哭喊，两眼瞪直或紧闭，极为惊恐，并伴有心跳加快，呼吸急促，全身出汗等症状。此时难以唤醒儿童或哄他安静下来，数分钟后儿童自行入睡，醒后完全遗忘。导致儿童夜惊的原因是多方面的。心理因素：儿童紧张或受惊。如与父母分离、亲人伤亡、父母吵架或离异、受到严厉惩罚、受外伤、睡前看了惊险的电视节目等。环境因素：室温过高、空气污浊、手压胸口或者晚餐吃得过饱。

对于夜惊的儿童主要是要消除引起紧张不安的心理诱因，减少情绪紧张；改变不良环境，注意培养良好的睡眠习惯；及时预防和治疗躯体疾病。

（三）进食障碍

1. 异食癖

异食癖是学前儿童的一种饮食障碍，一般随着年龄增长而逐渐消失，很少持续到成人期。有些儿童嗜好异食，比如吃泥土、石块、蜡笔、纸张、玩具等，对小物体做吞食，较大食物则放入嘴中咀嚼。对于这种儿童，不可以采取矫枉过正的行为治疗，如责罚或捆缚儿童的手足，这不仅不能改善儿童的症状，反而会使其暗中偷吃。

2. 神经性呕吐

神经性呕吐是由心理因素和教育不当而引起的胃肠道功能障碍，表现为反复性呕吐。有些由饮食不当或过饱引起。当学前儿童心理紧张和情绪不安时，如受到强烈惊吓、家庭关系紧张、对新环境不适应、突然离开亲人等，也可能发生呕吐。由饮食不当造成的就要改变不良的喂养方式，不要强迫幼儿进食。消除引起紧张的各种因素，营造轻松、愉快的进餐环境。对于孩子的呕吐，要保持镇定，避免语言、表情等暗示和强化。对于呕吐严重者需要及时送医院诊治。

（四）品行障碍

品行障碍是在儿童时期出现的攻击他人、偷窃、破坏等行为。随着年龄增加，一般儿童的品行障碍问题的出现率有所下降，儿童的心理发展水平有相应的提高，这是符合儿童心理发展规律的。下面主要介绍攻击性行为。

攻击性行为是学前儿童最为常见的一种品行障碍。主要表现为当儿童遭受挫折时显得焦躁不安，采取打人、咬人、抓人、踢人的行为，引起同伴受伤，此种行为男童的发生率明显高于女童。学前儿童的攻击性行为有的是针对教师或同伴，有的则是针对自己的父母。

案例分析

教师手记“他先打我的”

午睡时间到了，小朋友在准备如厕。男孩子有序地站在小便池前排起队，小明站在伟伟后面挨得很近。伟伟转过头对小明说：“小明，你往后面站一点行吗？”小明没理他，仍然贴在伟伟身上。伟伟上完厕所提裤子的时候，胳膊肘不小心碰到了挨着他的小明，小明不由分说从背后紧紧勒住伟伟的脖子，伟伟大喊：“放开我，你干什么？”教师立刻走上前，一边叫小明松开手，一边观察着伟伟的脖子。幸好及时，要不准得出事。教师问小明：“你为什么要勒伟伟的脖子？”小明理直气壮地说：“他先用膀子打我。”

原因分析

儿童攻击性行为的发生主要依赖于具体情境和儿童的认知因素。认知行为理论认为某些具有攻击性行为的儿童可能缺乏社会信息的处理能力,或者是对社会信息的解释出现了偏差。攻击性强的儿童在社会交往中,倾向于带着敌意的眼光去解释伙伴的行为和意向,存在着归因偏差。具体来说,他在下列五个步骤的社会信息处理模式中容易发生错误或偏差:对环境中社会交往线索的译码;做出相应的解释和归因;搜寻可能的行为反应;决定一种可能的反应;执行这种反应。如果儿童在以上任何一个步骤上出现偏差或有缺陷,都可能导致攻击性行为。此案例中小明的行为可以用这种理论来解释,他将他人一个无意的动作看成对自己的"威胁",错误的判断使他做出了错误的攻击反应。

那么该如何矫正学前儿童的攻击性行为呢?

1. 正面引导。优化儿童的活动环境,减少环境中的不利刺激,如:提供给儿童足够的活动材料,避免提供有攻击性倾向的玩具(如刀枪、棍棒等),选择富有教育意义的健康的影视节目。儿童辨别是非的能力差,要教会儿童识别好与坏,知道哪些行为是对的、受人欢迎的,哪些行为是错的。

2. 正确引导与遵守规则相结合。用移情训练法正确引导。引导儿童观察和感受别人的情绪、情感体验,由情绪、情感的变化而带来积极的行为变化,幼儿逐渐懂得有利于别人的事就去做,不利于他人的事就不去做。用轻度的惩罚与合理科学的规则相结合,以矫正幼儿的攻击性行为,如值日轮流规则、小组长竞赛规则等,使幼儿自觉遵守规则,以规则来约束自己的行为,从而减少攻击性行为。

3. 家园合作。家长和老师齐心协力,通过教师正确的引导和家长的配合采取一系列的措施,使社会、家庭、幼儿园形成合力,引导幼儿逐渐学会适应他人,不断地调整自己的行为,掌握良好的行为准则,学习与他人建立融洽的关系,形成关心他人、与他人通力合作的良好品质,成为一个健康、活泼的孩子,从而在源头上减少攻击性行为的发生。

(五)言语障碍

言语障碍包括发育性语言障碍、发音性语言障碍和口吃。下面主要介绍学前儿童常见的口吃的预防及矫治。

口吃是学前儿童常见的一种语言节律障碍，表现为说话时声音、音节或单词往往出现不正确的重复、延长或停顿，以致中断了有节律的语流，伴有跺脚、摇头、拍腿等动作，这类儿童大多自卑、羞怯、孤独、不合群。口吃大都发生在2—5岁。需要注意的是，2—5岁的学前儿童言语功能还不完善，说话常有迟疑，一般到上学前发育正常，就不属于口吃。

案例分析

口吃

小鹏，男，6岁，大班，父母都是国家干部，大专文化程度。据母亲介绍，孩子的语言发展从小就较晚，1岁半以后才开始说话，2岁以后才会讲完整的句子。之前便有口吃现象，但不严重，没有引起家长的注意。上学之后口吃现象比以前突出了。平时与小朋友交谈，越着急越说不出话来，遇到集体讨论发言的情况，说上几个字便卡壳，急得满脸通红，嘴唇颤抖，有时还直流口水。不过，在朗读课文或唱歌时并不口吃。孩子的性格较内向。

儿童口吃是主要是遗传因素、躯体因素、精神因素、心理因素、模仿、家庭教育、错误的认知、基因突变等原因引起的。如果家长在孩子出现口吃时，经常批评或立即叮嘱孩子纠正，反而容易加重孩子紧张焦虑的情绪，慢慢地还会导致语言中枢的功能失调，口吃也会越来越严重。一般男孩发生口吃多于女孩。对儿童口吃的矫正，主要是靠家长、幼儿园教师的正确指导。矫正口吃的方法很多，大多是从解除口吃的原因与不良发音入手。

1. 消除不良环境的影响。

2. 讲话吐字清楚。

3. 勿催促孩子讲话、勿打断孩子讲话。

4. 消除紧张感。

5. 尽量避免接触其他口吃病患者。当孩子有口吃现象苗头时，要避免与其他口吃病患者再接触。

6. 鼓励孩子多唱歌，唱歌可使孩子吐字准确快捷，增加自信心。

7. 尽量慢慢对话。与有口吃的孩子对话应连续、匀速，不可断断续续。

（六）神经性习惯

在学前儿童中，神经性习惯，如吮吸手指、咬指甲、习惯性阴部摩擦等都是常见的问题行为，这类问题的发生、发展和消失与儿童的年龄存在一定的关系。

1. 吮吸手指

在婴幼儿时期，吮吸手指是一种很常见的不良行为，到 2—3 岁以后，这种现象大大减少，但是仍然有一部分幼儿会吮吸手指。如果偶然发现这种行为，或持续时间不长，属于正常现象，随着年龄的增长会逐渐消失。但如果随着年龄的增长，幼儿依然吮吸手指玩乐，说明幼儿出现了行为上的偏移。如果幼儿的这种不良行为得不到及时纠正，那么，这种不良行为就会固定下来，形成顽固性的习惯。

预防儿童吮吸手指，首先要从小养成良好的卫生习惯，不要让幼儿以吮吸手指来取乐，要耐心告诫幼儿，吮吸手指是不卫生的，而且容易把大量的脏东西带入口内，引起消化系统疾病及其他传染病。

如果属于喂养方法不当，应纠正错误的喂养方法、不良的哺喂习惯。要培养孩子有规律的进食习惯，做到定时定量，饥饱适度。家长要耐心、冷静地纠正儿童吮吸手指的行为。对于这类儿童切记采用简单粗暴的教育方法，不要嘲笑、恐吓、打骂、训斥，更不要采用在儿童手指上涂抹苦味剂的方法。不仅毫无效果，还会使儿童感到痛苦、压抑、情绪紧张不安，甚至产生自卑、孤独等情绪。

最好的方法是了解儿童的需求是否得到满足。除了满足幼儿的生理需求（如饥渴、冷热、睡眠）外，还要丰富幼儿的集体生活，应该提供有利条件，让幼儿多到户外活动，和小朋友一起玩，使幼儿生活充实、生气勃勃，分散幼儿对固有习惯的注意，保持愉快的情绪，使幼儿得到心理上的满足。

案例分析

“不干净的手指”(小班)

本次活动的目的是让宝宝们感知吮吸手指是一种坏习惯。

教师:“老师平时经常看到有些小朋友把小手指放在嘴巴里。小朋友们有没有看到呀?”

幼儿:“璐璐、小鱼儿、杰杰……”

教师:“哇!有这么多呀!那你们说你们的小手指干净吗?”

幼儿:“不干净。”

教师:“为什么不干净呀?你是怎么知道的呢?”

幼儿:“手指上有虫子,吃了会生病,生病要打针的。”

教师:“小朋友们说得都很对。那你们说吃手指是不是一种坏习惯呢?”

幼儿:“是。”

孩子们在老师的有效提问中初步感知吮吸手指是不卫生的,是一种坏习惯。

原因分析

小班幼儿的思维水平仍处于直觉行动阶段,他们需要直接感知事物才能获得相关的经验、认识。因此,在教学活动中要充分考虑孩子的年龄特点和心理发展水平。吮吸手指在小班是常见的行为习惯。教师要懂得把生活中的东西转化为有价值的学习内容,在教学活动中让幼儿得到相关认识。

2. 咬指甲

咬指甲是儿童时期很常见的不良行为,男女儿童均有。程度轻重不一,重者可引起局部出血,甚至甲沟炎。爱咬指甲的儿童常伴有睡眠不安和抽动。儿童爱咬指甲,有时反映的是一种心理情绪,如紧张、抑郁、沮丧、自卑感、敌对感等情绪状态,其根源可能是受关注不够或缺乏安全感。而有些孩子,由于咬手指甲会经常受到老师和家长的批评、训斥,反过来又会产生紧张、焦虑的情绪,这就形成了继发性精神刺激因素。

案例分析

吃手指

小洋,男,5岁,性格内向、胆小、害怕孤独、不合群,尤其受到成人指责时表现得十分紧张。上课、睡觉时,经常将手指放在口中,入神地咬指甲。从周岁起,他先是咬衣角、被角,后来经过大人的纠正,虽不再咬衣角、被角,但又换成了咬手指。小洋出生后由于母乳不足,采用人工喂养,1岁半后由外婆抚养。父母在外打工,每周到外婆家去看望他一次。小洋长大些后,跟父母同住,但大多数时间都是一个人在家玩耍。

纠正孩子咬指甲的习惯可采用心理疗法和行为矫正法,以耐心说服和鼓励为主,平时多给予孩子心理上的关注,消除造成孩子紧张情绪的因素。引导孩子多参加一些娱乐活动,多交朋友,如让孩子和其他小朋友一块儿做游戏等,转移其注意力。

家长要有耐心和信心,千万不可体罚,不可大声训斥,不要粗暴地强行将孩子的手指从嘴里拉出,这样可能会加重孩子咬指甲的习惯。

要培养孩子良好的卫生习惯,如常修剪指甲,对大一点的孩子,可通过讲道理告诉他们咬指甲的危害。纠正孩子咬指甲的习惯需要一个过程,年龄越小越容易纠正,所以,发现孩子有咬指甲的坏习惯时要尽早矫正。

第四节　学前儿童性教育

儿童早期是人生中十分重要的一个时期,此时的性教育将在很大程度上决定儿童今后一生有关性的认知,影响到他们的性别认同、性别自我表现、性别角色行为以及今后的性目标选择。

一、学前儿童性教育的目标

学前儿童性教育的目标制定应从性别角色、自我护理与保护方面入手。一是培养幼儿正确的性别认同能力，帮助幼儿建立符合性别角色的行为。二是帮助幼儿获得基本的生理常识，改善幼儿对个人卫生特别是对外生殖器和排泄器官的卫生态度，形成自己也有责任保障自身健康的初步意识，建立自我保护意识，避免性侵害的发生。

案例分析

过家家

活动目标

1. 正确认识自己和他人的性别。

2. 理解自己的性别不随年龄、情境的改变而改变。

3. 认同自己的性别，能表现出与自己性别相符的行为。

活动项目

1. 你来做爸爸，我来做妈妈

(1)通过游戏中的角色扮演环节，知道自己和他人的性别角色。

(2)通过角色扮演，男孩了解自己长大后会成为爸爸，女孩了解自己长大后会成为妈妈。

(3)喜欢自己所扮演的与自己性别相符的角色。

2. 男孩女孩猜一猜

(1)知道自己的性别角色不随衣着打扮的改变而改变。

(2)能够选择符合自己性别的衣着、道具来打扮自己。

【资料来源】幼儿园快乐与发展课程编写组. 幼儿园快乐与发展课程教师指导用书：中班[M]. 北京：北京师范大学出版社，2009.

二、学前儿童性教育的内容

儿童期性教育的主要内容是让儿童开始认识自己的性别，初步进入性别角色并对性知识有一定程度的理解，学会自我保护。《3—6 岁儿童学习与发展指南》(2012 年)教育建议里对儿童的性教育要求是不允许别人触摸自己的隐私部位。对儿童进行完善的性教育，使儿童形成健康的性教育观，只有这样儿童才能从小就生活在一个充满健康信息的环境中，形成正确的性价值观和性别取向。性教育从学前儿童抓起，对于个人素质的提高和国民整体素质的提高都具有重要意义。

(一)性别认同和性别角色教育

儿童发展心理学中的某些观察资料表明:2—3 岁的儿童已经开始对与自己同性和异性的孩子采取不同的态度。如 3 岁的男孩可以和别的男孩打架，但却不去触犯女孩，有时还会突然拥抱和亲吻她们。在无法辨别和判断他人的性别时，会引起紧张、抗拒和不快的情绪。虽然儿童对自己的行为和心理是无意识的，但是，这足以表明儿童已具有区分性别角色的内在倾向。因此，这时的儿童已经具有接受性教育的心理基础。

柯尔伯格将儿童认识性别的过程概括为三个阶段:第一阶段，性别的认同性，2—3 岁的儿童能够正确地指出自己的性别；第二阶段，性别的稳定性，3—5 岁的儿童逐渐清楚地认识到，一个人的性别是不会随年龄的增长而改变的；第三阶段，性别的坚定性，5—7 岁的儿童认识到一个人的外貌或活动的变化与性别无关，即开始了解性别的本质区别。

父母或教师要帮助学前儿童正确认识自己的性别，使其能说清楚自己是男孩还是女孩(见表 5 -3)。然后，就要进行认同教育，让儿童形成正确的性别角色(见表 5 -4)。特别要强调的是，父母决不要根据自己的喜好把男孩打扮成女孩，或相反。现代儿童心理行为研究表明:父母这种无意间的失误很容易造成儿童的角色混乱，男孩会类同自己为女孩并有可能对自己的男性身份和特征从内心深处产生误解和排斥，甚至厌恶的心理；相反女孩会培养明显的男性气质，自认为是男孩。更令人担忧的是这种情形会影响到他们成年后的行为(较多见的是男性行为的女性化)，如父母亲教养方式不当，致使男性在语言和行为方式上具有女性特征。

表 5－3　各年龄阶段性别认同教育内容

年龄阶段	性别认同教育内容
3—4 岁	1. 教幼儿认识自己的性别,并让幼儿初步认识自己身体外形以及外生殖器的特点 2. 教幼儿认识爸爸、妈妈、老师、同伴等自己所熟悉的人的性别 3. 告诉幼儿即使他们长大了,性别仍不会改变,男孩还是男孩,女孩还是女孩
4—5 岁	1. 告诉幼儿他们与同性别的人在身体外形、外生殖器的形态结构上存在相似之处 2. 教幼儿根据身体外形结构区分他人的性别 3. 告诉幼儿爸爸、妈妈、老师、同伴等身边的人变老了或是长大了,性别也不会改变
5—6 岁	1. 告诉幼儿不同性别的人身体外形、外生殖器的形态结构是不相同的 2. 告诉幼儿衣着打扮不会改变人的性别,穿上女孩的衣服、扎着辫子不会使男孩变成女孩;穿上男孩的衣服、剪成男孩的发型也不会使女孩变成男孩

表 5－4　各年龄阶段性别角色教育内容

年龄阶段	性别角色教育内容
3—4 岁	1. 告诉幼儿女孩一般都喜欢布娃娃等玩具;男孩一般都喜欢卡车、飞机、坦克等玩具 2. 告诉幼儿女孩一般都喜欢穿漂亮的花衣服,扎漂亮的长辫子;男孩一般都喜欢穿简洁大方的衣服,剪干净利落的短发
4—5 岁	1. 告诉幼儿搬运、建筑、飞行员、武警、工程师等工作一般都由男性来承担;照料病人等需要耐心细致才能完成的工作一般由女性来承担 2. 告诉幼儿男性应该说话响亮、富有进取心、坚强、独立、自信、有能力;女性应该文静、温柔、善良、富有情感

续表

年龄阶段	性别角色教育内容
5—6岁	1. 告诉幼儿如果女性认为自己有力气和能力，也可以从事搬运、建筑、工程师等工作；如果男性认为自己有耐心、很细致，也可以从事护士的工作 2. 告诉幼儿坚强、独立、自信、有能力的男性也可以有温柔和善解人意的一面；温柔善良的女性也可以有坚强、独立、自信的一面

（二）教育儿童正确认识自己的生殖器官

随着儿童的成长，他们开始对自己的身体产生兴趣，会有许多关于身体器官的疑问，这个时期是教儿童认识自己身体的最好时机。一些专家认为，如果家长在学前期就教孩子认识他们的性器官，并且像认识眼睛、鼻子那么自然，就可以破除儿童的性神秘感，使儿童在今后的性知识学习中表现得更加自然、大方（见表5－5）。应当注意的是在学习性器官时要用正规的科学术语，而不要用方言俚语。

另外，学前儿童可能有玩弄生殖器的现象，这是性萌芽的一种表现，不必过分担心或紧张。父母和教师不要采取恐吓和惩罚的方式对儿童进行压制；过分反应或责骂，会使孩子以为自己做了坏事，影响将来心理健康的发展。

表5－5 各年龄阶段认识身体教育内容

年龄阶段	认识身体教育内容
3—4岁	1. 让幼儿了解男孩和女孩身体的外形特点 2. 学习身体外部器官的科学名称 3. 学习男孩和女孩外生殖器的科学名称
4—5岁	1. 认识男孩和女孩外生殖器的外形结构 2. 让幼儿初步了解身体外部器官的功能 3. 让幼儿初步了解外生殖器的功能
5—6岁	1. 让幼儿了解男孩和女孩身体外形以及外生殖器的不同之处 2. 让幼儿了解自己与同性别成人身体外形以及外生殖器的相同之处和不同之处

（三）性知识的传播

发展心理学的观察表明:4—7 岁的儿童开始表现出对性的好奇,此阶段的儿童喜欢向父母或者老师提一些与性有关的问题。比如:我是怎么生出来的?为什么她是蹲着小便,而我是站着小便?为什么公鸡要追母鸡?对于这样的问题家长如果感到惊奇和气愤并加以斥责,就会引起孩子更大的好奇。如果随意欺骗敷衍不仅会失去儿童对自己的信任,而且还可能使儿童形成错误的性观念。正确的方法是家长应利用自己的每一次回答来对孩子进行性教育,科学而巧妙地回答幼儿的问题,回答得水平越高,越有技巧,对孩子的心理健康成长就越有利。对于这类问题,家长或者老师应该以平静的态度告诉孩子:“你是妈妈生的,站着小便的是男孩,蹲着小便的是女孩。”

（四）自我保护教育

《纲要》指出幼儿园必须把保护幼儿的生命和促进幼儿的健康放在工作的首位,抓好安全工作是幼儿身心健康发展的重要保证。应使儿童知道必要的安全保健常识,学会保护自己。

近年来儿童性侵害问题逐步受到人们的关注。越来越多的研究表明儿童性侵害是导致其身心健康问题、社会适应不良的一个很重要的因素。要使儿童免受性侵害,成人对儿童的保护是必不可少的,但儿童自我保护意识的培养显得更为重要。培养儿童较强的自我保护意识,使其初步具有自我保护的能力,确定恰当的教育内容是最为关键的一步(见表 5 -6)。

表 5－6　各年龄阶段自我保护教育内容

年龄阶段	自我保护教育内容
3—4 岁	1. 告诉幼儿每个人的身体都有隐私部位,这些部位包括腹部、臀部、大腿内侧,还有男性的生殖器,女性的胸部和生殖器等 2. 让幼儿知道,通过电话可以与家人或其他人讲话。当自己需要帮助的时候,可以向爸爸、妈妈打电话求救 3. 教育幼儿外出活动要由父母或其他家长全程陪同
4—5 岁	1. 告诉幼儿保护隐私部位不被他人随便看和触摸是我们每一个人的权利(除了在我们年龄小的时候父母帮助我们清洗,或当我们身体不适时父母照顾我们,或是为了健康的原因,让医生检查身体) 2. 教会幼儿如何使用电话,将爸爸妈妈的手机号码写在随身携带的卡片上,自己需要帮助时,拨打卡片上的号码寻求帮助 3. 教育幼儿外出活动时要由父母或其他家长陪同前往,等父母确认环境安全后,再自己单独活动
5—6 岁	1. 教导幼儿不应该随便向别人暴露自己的身体,也不窥探或触摸他人的隐私部位 2. 告诉幼儿除了拨打爸爸妈妈的电话可以寻求帮助以外,还可拨打其他电话寻求帮助,急救电话是 120,报警电话是 110。拨打 110 或 120 电话时,要向接线员说出自己的名字,住在什么地方,一直等到接线员说可以挂断了,再放下电话 3. 教育幼儿外出活动时要征得父母的同意,并告诉父母去什么地方,行走路线,活动时间

三、学前儿童性教育的途径

儿童性教育的实施途径有专门的课程、生活的指导(以家长、老师等为主)、遇到问题的单独咨询、游戏中同伴的影响以及媒体知识的阅读等。

(一)专门的性教育课程

科学系统地讲授学前儿童身心健康发展需要具备的知识、技能和科学的性观念。

（二）利用生活现象进行性教育

儿童天性敏感好奇，父母或老师可以利用这一特征，用身边的各种现象生动而自然地进行性教育。豆荚因成熟而爆裂开来，里面躺着成熟的籽种，父母或老师可以引导孩子观察，并告诉幼儿这很像母亲孕育孩子。家里鱼缸里的鱼产卵了，邻家的小猫、小狗生崽了都是向儿童进行性教育的好机会。

（三）咨询

针对某一个孩子的个性问题进行深入指导。

（四）同伴影响

活动中同伴的影响是孩子性观念、性信息、性知识等相关内容最多、最快以及影响力最大的来源渠道。媒体对孩子的性观念和行为的影响，是对主动性教育效果的检验。

思考与练习

1. 学前儿童心理健康教育的标准是什么？
2. 影响学前儿童心理健康的因素有哪些？
3. 学前儿童心理健康教育的目标和任务是什么？
4. 如何在幼儿园开展儿童性教育？
5. 常见的学前儿童心理健康问题有哪些？如何进行防治？

第六章 学前儿童体育

学习目标

1. 了解学前儿童在体育活动中应注意的问题。
2. 了解学前儿童体育教育的内容。
3. 掌握学前儿童体育教育的目标与教育教学方法。
4. 运用学前儿童体育教育理论进行实践活动的设计、组织与实施。

《纲要》指出:“幼儿园教育是基础教育的重要组成部分,是我国学校教育和终身教育的奠基阶段。”2016 年颁布的《幼儿园工作规程》(以下简称《规程》)指出:“幼儿园的任务是:贯彻国家的教育方针,按照保育与教育相结合的原则,遵循幼儿身心发展特点和规律,实施德、智、体、美等方面全面发展的教育,促进幼儿身心和谐发展。”幼儿体育是保护和促进幼儿身心健康的重要途径和手段,不仅为幼儿的生存和良好的生活提供了重要的物质基础,而且也是幼儿接受全面发展教育的重要保障。因此,幼儿体育作为幼儿园教育的一个重要方面,不仅是学校体育的组成部分,也是学校体育和终身体育的基础。

第一节 学前儿童体育活动的目标

学前儿童体育活动的目标是通过一系列锻炼身体的教育活动,使幼儿的身心发展达到应实现的教育结果。它对幼儿身心健康发展的方向和水平具有预知和规范的作用,是衡量幼儿园体育活动成效的评价尺度。学前儿童体育活动目标可分为总目标、年龄阶段目标、单元目标和教育活动的行为目标。

一、学前儿童体育活动的目标

(一)总目标

作为幼儿园健康教育目标的重要组成部分,幼儿园体育活动的总目标是指通过在幼儿园有目的、有计划的体育活动,在发展学前儿童身心方面应实现的终极目标。它是制定各年龄班学前儿童体育目标的必然依据。

1. 学前儿童喜欢参加体育活动,形成爱运动的良好习惯。

2. 学前儿童身体正常发育,动作机能协调发展,对环境的适应能力增强。

3. 学前儿童具有活泼开朗的良好个性,坚强勇敢的意志品质,主动、乐观与合作的态度。

4. 逐步形成良好的运动卫生与安全意识,具有一定的自我保护意识和能力。

(二)学前儿童体育活动各年龄阶段目标(表6-1)

表6-1 学前儿童体育活动各年龄阶段目标

年龄阶段	教育目标
3—4岁	1. 能沿地面直线或在较窄的低矮物体上走一段距离 2. 能双脚灵活交替上下楼梯 3. 能身体平稳地双脚连续向前跳 4. 分散跑时能躲避他人的碰撞 5. 能双手向上抛球 6. 能双手抓杠悬空吊起10 s左右 7. 能单手将沙包向前投掷2 m左右 8. 能单脚连续向前跳2 m左右 9. 能快跑15 m左右 10. 能行走1 km左右(途中可适当停歇)

续表

年龄阶段	教育目标
4—5 岁	1. 能在较窄的低矮物体上平稳地走一段距离 2. 能以匍匐、膝盖悬空等多种方式钻爬 3. 能助跑跨跳过一定距离,或助跑跨跳过一定高度的物体 4. 能与他人玩追逐、躲闪跑的游戏 5. 能连续自抛自接球 6. 能双手抓杠悬空吊起 15 s 左右 7. 能单手将沙包向前投掷 4 m 左右 8. 能单脚连续向前跳 5 m 左右 9. 能快跑 20 m 左右 10. 能连续行走 1.5 km 左右(途中可适当停歇)
5—6 岁	1. 能在斜坡、荡桥和有一定间隔的物体上较平稳地行走 2. 能以手脚并用的方式安全地爬攀登架、网等 3. 能连续跳绳 4. 能躲避他人滚过来的球或扔过来的沙包 5. 能连续拍球 6. 能双手抓杠悬空吊起 20 s 左右 7. 能单手将沙包向前投掷 5 m 左右 8. 能单脚连续向前跳 8 m 左右 9. 能快跑 25 m 左右 10. 能连续行走 1.5 km 以上(途中可适当停歇)

二、制定目标应注意的问题

(一)明确制定幼儿园体育活动目标的依据

1. 制定幼儿园体育活动总目标的依据

(1)依据《规程》确定的保教目标和《纲要》中规定的健康教育总目标。保教目标和健康教育总目标反映了幼儿身心发展的需求和社会对未来人才培养的要求，具有“政策性”和“前瞻性”，因而对幼儿园体育活动目标的制定具有较强的指导性和制约性，是制定幼儿园体育活动总目标的重要依据。

(2)依据体育活动自身的性质和发展价值。虽然幼儿园各领域的教育活动在促进幼儿身心发展方面形成了一个相互联系的整体，但由于各领域的具体活动具有不同的性质和发展价值，在制定不同领域的教育目标时，应充分考虑各领域活动自身的性质及其在促进幼儿发展方面的价值。

2. 制定幼儿园体育活动年龄阶段目标的依据

(1)依据幼儿园体育活动的总目标。年龄阶段目标是总目标的具体化，受总目标的制约。

(2)依据各年龄班幼儿身心发展的特点和体育活动内容的性质。以幼儿园体育活动的总目标作为幼儿园体育活动要达成的目标，在具体制定目标时，还要考虑到小、中、大班幼儿的年龄差异。因此，将总目标具体分解成各年龄班一年要达成的目标时，应充分考虑各年龄班幼儿身心发展的特点。只有这样，才能制定出适应各年龄班幼儿发展水平和发展要求的目标来。另外，就课程内容而言，同活动主题(如“走”)在各年龄班的具体内容要求有难易、高低之分。因此，在制定各年龄班幼儿体育活动的发展目标时，应同时考虑体育活动内容的性质和要求，真正制定出适合该年龄阶段幼儿的发展目标来。

3. 制定幼儿园体育活动单元目标的依据

(1)依据年龄阶段目标。单元目标就是将年龄阶段目标按“时间”单元或“主题”单元(事实上它也有时间的规定性且往往以“周”为单位)具体化，将年龄阶段目标划分为若干个单元来逐步实现。实际上，达成了体育活动各单元的目标也就实现了体育活动的年龄阶段目标。

(2)依据上一单元活动的反馈信息和幼儿的“最近发展区”。一个单元目标与下个单元目标之间具有延续性和渐进性。上一单元活动的反馈信息是制定下一单元活动目标的重要依据，掌握和利用这些信息有利于我们更直接、更具体地了解幼儿的发展情况，并制定出适合幼儿“最近发展区”的目标来。同时，也有利于更好地实现下一单元活动对上一单元活动的教育“补偿”功能。

(3)依据单元活动内容的性质。单元活动的内容不同时，应根据活动内容的性质、体育活动内容自身的特点或侧重点来制定目标。这在以为内容制定

“主题”单元目标时尤应重视。

4. 制定教育行为目标的依据

(1)依据单元目标。单元目标是通过一个个具体的活动来实现的。反之,一个个具体的、连续进行的活动是围绕单元目标展开的。因此,制定教育行为目标时,必须依据单元目标。

(2)依据上次教育活动的反馈信息和幼儿的“最近发展区”。上次教育活动的反馈信息是教师了解幼儿实际发展情况和水平的重要信息源,它有利于教师依据幼儿的“最近发展区”确定活动的具体目标,并有针对性地展开活动。

(3)依据具体教育活动内容的性质。不同的活动内容具有不同的性质和发展价值,对具体活动的目标制定具有制约性。

(二)合理、准确地表述幼儿园体育活动的目标

幼儿是完整的、能动的有机体,在任何活动中,他们身心各个方面的发展总是相互影响、相互制约、相互促进的,任何一方面都不可能孤立发展,所以幼儿园教育活动的目标最终都要落实到幼儿身心的各个方面。因此,无论哪一层次的目标,在具体叙述时,都要求目标的内容涵盖要全,要立足于促进幼儿身心全面和谐地发展。这是幼儿园教育活动目标表述的共性和一般要求。

按照幼儿园体育活动目标的层次,对于不同层次的教育活动目标的表述,亦应有不同的具体要求。一般来说,目标层次越高,其内容的表述往往越概括、抽象;反之,则越具体、明确。

在制定具体目标时,首先应紧扣单元目标,为实现单元目标服务;其次,活动目标的内容应从幼儿的认知、动作和技能及情感和态度几个方面全面考虑;另外,还应挖掘活动内容的多种教育价值,体现活动功能的综合性。

在具体表述活动目标时,每一方面都应尽量分别阐述,避免交叉。但也应注意突出重点,不必面面俱到。

第二节　学前儿童体育活动的内容

一、学前儿童体育活动的内容

(一)基本动作

1.走

走是儿童从爬到直立后在发展上最重要的一次飞跃。走是人体移动位置最自然最省力的活动,是锻炼身体的手段之一,是幼儿园一项重要的体育活动内容。走时全身60%的肌肉参与动作,幼儿正常速度走时,心率可达约120次/分,可促进幼儿的生长发育。

(1)幼儿走的能力发展

小班:小班幼儿头重脚轻,腿部力量差,靠上体前倾移动重心,步幅小,速度不均匀,因而走跑分不清,走得步伐不均,落地重,走时注意力分散,东张西望,不能形成整齐的队伍走,不能一个跟一个走。

中班:幼儿协调能力有变化,上下肢较协调,动作较平稳,但步伐不均,节奏感不强。

大班:幼儿动作发展好,走得轻松、自然、平稳、有力、协调,走时基本能控制速度,但不具备齐步走的能力。横队走不齐,纵队能走齐。

(2)走的动作要领

上体正直,自然挺胸,目视前方,肩臂放松,以肩为轴,两臂前后自然摆动,弧度随步幅而定,步幅要大而均匀,抬腿的方向要向正前方,落地要轻而柔,脚尖向前(不要形成内八、外八)。

(3)各年龄班走的要求及内容

①小班要求:上体正直、自然走,不要求整齐。

内容:听信号向指定方向走;一个跟着一个走。

参考游戏:跟着小旗走;开火车、开飞机;找找小动物。

②中班

要求:上体正直,上下肢协调走,两臂前后自然摆动,走得自然、轻松、有节奏,落地不要重,要轻。

内容:听信号有节奏地走;听信号变速走。

参考游戏:听鼓声走、信号灯、风声和树叶。

③大班

要求:步伐均匀,有精神地走。

内容:听信号改变方向走;一对一对整齐地走。

参考游戏:看谁走得对、找朋友、两人三足。

(4)教学建议

①幼儿走须轻松自然。教学重点是腿的动作和躯干的正直,抬腿不过高,不过低,落地轻。胸挺直有利于胸腔发育、姿势健美。

②采用多种手段和方法教学,发展幼儿走的能力。有情节、有角色地走(一般是听着音乐走)的体育游戏是幼儿感兴趣的活动,此外,可以根据不同的需要,变化多种走的形式,如用前脚掌走、轻轻走、倒退走、侧着走、大步走、模仿走、听着音乐走、朗诵儿歌走、踩着皮筋走、曲线走、窄道走、变速走等激发幼儿练习的兴趣,还可以加上手的动作,不让幼儿感到单调。

③用散步、游览等活动发展幼儿走的能力。

④在日常生活中培养幼儿走路的正确姿势。

⑤教师、家长要做幼儿的表率。

案例分析

找找小动物(小班)

活动目标

教幼儿听信号向指定方向走,要求幼儿自然地走,培养幼儿动作的协调性。

活动准备

1. 小鸭、小猫、小狗等动物玩具或者小图片若干(数量与幼儿人数相等)。

2. 在场地一端画上一条直线作为起跑线。

活动过程

一、幼儿成一列横队站在场地一边,教师交代游戏名称与玩法。

教师:"小动物们要和小朋友玩一个有趣的游戏'找找小动物'。现在,小朋友把眼睛闭上,小动物要去藏起来了。"教师迅速将玩具小动物分别放在场地另一端。然后说:"小动物藏好了,请大家睁开眼睛走去找一找吧。"幼儿每人找一个小动物走回来。找小动物时提醒幼儿每人只拿一个玩具。

二、幼儿游戏2—3次。幼儿走回场地另一端,玩一会儿找回的小动物,然后交给教师,放回原位。

三、简单小结,表扬走得好的幼儿。

2. 跑

跑是人体移动位置最自然、最快的形式,是锻炼身体的有效手段,是幼儿园开展最广泛的体育活动之一。快跑心率达180次/分,慢跑心率达140—150次/分,强度变化大,是发展幼儿的速度、耐力、平衡及灵敏性的重要内容。

(1)幼儿跑的能力发展

小班:跑的步幅小,速度慢,步伐不均匀,上下肢不协调,身体不平衡,速度慢、耐力差,跑动中控制身体的能力差,不易立刻停止、转弯、躲闪障碍。

中班:动作协调、自然,能听信号改变方向,速度快,能追逐跑、抓人、一个接着一个跑。

大班:灵敏、协调、控制力高,转弯、停顿灵活。

(2)跑的动作要领

上体前倾,两手半握拳,曲肘在体侧,前后自然摆动,眼向前看,呼吸自然有节奏,腿向后蹬地有力,向前摆腿方向正,幅度大,膝关节放松,前脚掌先着地,脚尖向前,落地轻。

(3)各年龄班跑的要求及内容

①小班

要求:自然跑。

内容:沿场地周围跑;听信号向指定方向跑;在指定的范围内四散跑。

参考游戏:跑成一个大皮球、老猫睡觉醒不了、小孩小孩真爱玩、踩影子。

②中班

要求:上下肢协调,轻松跑,摆臂好。

内容:一路纵队跑;四散追逐跑;快跑10—20米;走跑交替100—200米。

参考游戏:老狼老狼几点钟、捉星星、抓尾巴、红绿灯。

③大班

要求:上体稍前倾,两手半握拳,屈肘在体侧,前后自然摆动,用前脚掌着地跑。

内容:听信号变速、改变方向跑;快跑,20—30米;走跑交替,200—300米。

参考游戏:走地道;人、枪、虎;扎绳解绳比赛。

(4)教学建议

①跑的内容和教材要多样化。不同形式的跑,其教育作用是不同的。20米快跑主要是发展速度;接力跑主要是培养集体荣誉感和协同活动能力;四散追逐跑可发展速度、耐力、灵敏性。

②跑的教学重点是腿的动作。“步子大,落地轻”是腿部动作的基本要求。

③跑要遵循人体活动规律。跑之前应充分做好准备活动,以防受伤;跑后要充分做好放松、整理活动,以利于幼儿消除疲劳。

④跑的过程中观察幼儿情况,掌握好活动量。跑的游戏活动中,要随时观察幼儿脸色、情绪、呼吸、汗量等,以便调节、掌握好运动负荷;特别是体质差的幼儿。

⑤培养幼儿正确的呼吸。指导并教会幼儿口鼻混合呼吸,呼吸时不要张大嘴巴,逐渐使其呼吸自然而有节奏。

⑥注意跑的方向。圆圈跑时靠近圆心的一侧腿负担较重,如果只顺着一个方向跑,日久天长容易造成脊柱两侧肌肉和下肢发育不均衡。因此,要经常变换圆圈跑的方向。

⑦对小班的幼儿不要求速度和节奏。主要是通过各种游戏进行跑的活动,小班一般不竞赛。

⑧中、大班可多组织竞赛活动,培养幼儿的进取心。

案例分析

捉星星(中班)

活动目标

在一定范围内四散追逐跑,提高躲闪能力;培养幼儿灵敏的身体素质。

活动准备

1. 宇宙飞船头饰。
2. 事先学会儿歌《小星星》。

活动过程

一、交代游戏名称。教师讲解,请一个幼儿当小科学家,戴上宇宙飞船头饰,站在场外,其余幼儿扮小星星,四散地站在操场上。

二、游戏开始,"小星星"一起念儿歌:"小星星,在天空,一闪一闪眨眼睛"。"小科学家"接着念:"我坐宇宙小飞船,飞到天上捉星星"。说完最后一句话,"小科学家"就跑进场内捉星星。"星星"四散跑着躲闪。被捉到的星星站到场外,捉到数颗"星星"(据情况而定),游戏结束。

三、游戏重新开始,更换"科学家"。

参加各种跑跳活动,不仅增强了幼儿的腿部肌肉力量,发展了他们的弹跳力、灵活性、协调性,提高了他们动作的稳定性和平衡能力,而且还有利于培养幼儿勇敢、果断、顽强的意志品质和活泼开朗的性格。

3. 跳

(1)幼儿跳的能力发展

小班:困难,起跳难,两脚不容易同时离开地面,四肢配合不好,跳不起来,腾空时间短,落地易失去平衡。

中、大班:跳跃能力发展较快,动作协调,能熟练掌握立定跳远,双脚向上、向下跳,单双腿连续跳,但落地动作不好。

(2)跳的动作要领

跳跃动作包括预备、起跳、腾空和落地四个阶段。预备阶段包括原地和助跑两种方式:原地预备动作是屈膝、体前倾、两臂后摆;助跑动作要求是中速、短距、步不乱。起跳有单脚和双脚两种:单脚起跳时,起跳腿用力蹬直,后腿很快跟上去;双脚起跳时,两腿用力蹬地,摆臂跳起。腾空阶段要保持身体平衡。落地要屈腿缓冲,保持平衡。

(3)各年龄班跳跃要求及内容

①小班

要求:轻轻跳起,自然落下。

内容:双脚同时向上跳;高度15—25厘米向下跳;双脚向前行进跳。

参考游戏:铃儿响叮当、小鸟找食、小白兔种青菜、小白兔采蘑菇。

②中班

要求:屈膝摆臂,蹬地跳,落地轻,保持平衡。

内容:原地纵跳触物,物体距离幼儿高举的手指尖15—20厘米;双脚在直线两侧行进跳;双脚立定跳远,距离不少于30厘米;双脚站立在20—30厘米处向下跳;助跑跨跳不少于40厘米的平行线。

参考游戏:种萝卜、小青蛙跳田埂、老虎捉猴子。

③大班

要求:屈膝、摆臂,用力蹬地跳起,保持平衡。

内容:原地纵跳触物,物体离幼儿高举的手指尖20—25厘米;从高30—35厘米的台上向下跳;立定跳远不少于40厘米;助跑跨跳不少于50厘米;助跑屈腿跳过30—40厘米的高度;跳绳、跳皮筋。

参考游戏:小伞兵、小青蛙捉害虫、跳房子。

(4)教学建议

①跳跃教学的重点是起跳和落地。起跳是决定跳跃距离和高度的主要因素;落地轻、稳,保持平衡,是保证活动安全的重要条件。

②全面完成教育任务。不同的跳跃内容,对幼儿所起的作用不一样,如从高处向下跳,可改进落地动作和提高平衡能力;跳绳可发展弹跳力、动作速度;

侧跳、跳皮筋除发展弹跳力外,对发展灵活性也有较好的效果;跨跳可以较好地培养幼儿的勇敢精神。

③教导幼儿克服害怕的心理,保护其安全。年龄小、体质差的幼儿跳跃时,常会产生一些畏惧心理。如从高处向下跳怕摔倒,跳“小河”怕掉到“河”里,跳高怕被绊倒等。教师要帮助幼儿克服这些心理障碍,培养其勇敢、果断等意志品质。

案例分析

玩瓶子(大班)

活动目标

发展幼儿跳的能力。

活动准备

1. 装有沙子的塑料饮料瓶(数量与幼儿人数相等)。

2. 小椅子 4 张。

活动过程

一、幼儿分散进行跳瓶子活动

幼儿人手一瓶,围在教师周围。教师:“今天我们要用瓶子练习跳,你们可以单足跳、双足跳、向前跳、向后跳、向侧跳,看谁跳得多。”幼儿分散练习跳法,教师观察并指导。

二、集中讲解后,学习用瓶拼图练习跳

集合幼儿围成圆圈。教师请跳得好的和跳法多的幼儿示范。然后将幼儿分成四组练习拼图跳,让每组幼儿将瓶子搭成一个图形(三角形、正方形、圆形、房子等)练习跳,跳的方法不要一样。幼儿按组在指定地点搭拼图形后依次练习跳的动作,教师巡回指导。

三、跨跳瓶子比赛

集合幼儿成四路纵队，进行跨跳瓶子比赛，指导幼儿布置场地。布置完成后，教师请一名幼儿示范跑跳方法：从起跑线开始，跑至瓶子前跨跳过瓶子后跑至椅子处绕椅子一圈，跑回原地拍一名幼儿的手。被拍到手的幼儿同前一名幼儿方法练习跑跳。示范后，幼儿先分组练习1—2次，再进行比赛，看哪组幼儿先完成游戏。

4. 投掷

幼儿园投掷活动内容包括滚、抛、传、接、拍、击、拨等内容。这些内容里，像滚球、拍球等动作，并不是投掷的典型动作。但是，因为幼儿大部分是运用小球、小棒等器材进行投掷，所以把一些非投掷的典型动作列入投掷教材。

(1)幼儿投掷能力的发展

小、中班：幼儿掌握的投掷动作还很少，动作不够协调，多余动作多，力量小，不准确。做肩上挥臂投掷动作时，往往只是靠一臂之力，出手晚，投不远。

大班：幼儿投掷能力逐步有所提高，逐渐能用上转体和蹬地的力量，动作比较协调，但出手角度仍偏小，投掷方向不稳定。

(2)投掷的动作要领

肩上投掷：左脚在前，右脚在后相距一小步距离，重心落在后脚上，右手握住投掷物高举过头，然后右腿蹬地，身体重心移到左腿的同时，迅速挥臂投物。

拍球：两脚自然站立，腿稍弯曲，上体稍前倾；带球时手在球的后上方，球在身体侧面。

接球：看准来球的方向主动迎球；要有正确的手势；接球后要注意缓冲。

(3)各年龄班投掷的要求及内容

①小班

要求：滚、抛、拍和接滚动的球。

内容：滚接大皮球；双手抛大皮球；拍皮球。

参考游戏：熊猫滚球、学拍皮球、快快接住它。

②中班

要求：肩上挥臂投掷和接抛来的球。

内容：自抛自接高、低球；两人近距离抛接；投远；左右手拍球。

参考游戏：投过小河、运西瓜、火箭上天。

③大班

要求:行进间拍球,变化形式拍球和集体接力拍球;肩投不仅要投远而且要投准。

内容:24 米间抛接大球;花样拍球;边跑边拍,边走边拍;投远,投准(距离 3 米左右、标靶直径 60 厘米)。

参考游戏:花样拍球、打雪仗、皮球真听我的话、看谁投得准。

(4)教学建议

①常讲多练,运用各种游戏方法。运用多种游戏形式和方法发展幼儿上肢、腹、背等部位的肌肉力量,并注意与跑跳等动作相结合进行练习。这样,不仅提高了幼儿的练习兴趣,而且还增加了运动负荷,同时又使身体得到全面锻炼。

②贯彻循序渐进的原则,逐步提高难度。在投掷游戏活动中,既要注意投掷物由轻到重,又要注意投掷距离由近及远、靶子由大到小,逐步提高要求。如抛接球动作应先由教师在近距离抛出,稍有弧度,球正好落在幼儿手中,待幼儿初步掌握接球的手形,再逐步增加远度和变化落点。

③不能长期运用一只手抛。投掷游戏活动中,应尽可能让幼儿双手都得到锻炼,使之均衡发展。

④常变换投掷物,增加孩子的兴趣。为了提高幼儿活动积极性,可不断变化投掷物和投掷目标。如投掷物可用沙包、小球、纸标、纸团、玩具手榴弹、塑料片、木棒等,目标物可用各种不同的图像。

案例分析

熊猫滚球(小班)

活动目标

学会与同伴两人一起相互滚接大皮球,锻炼手臂肌肉力量,发展投掷能力。

活动准备

1. 活动前幼儿已学会儿歌《大皮球》。

2. 大皮球若干(为幼儿人数的一半)。

3. 相关音乐。

活动过程

一、幼儿四散站在教师周围,教师交代游戏名称,并告诉幼儿:“熊猫妈妈为小熊猫们买了新皮球,让大家和好朋友一起来滚着玩。”

二、教师和一名幼儿边示范边讲解滚接球的要领:两人分开面对面站好,滚球时两手把球用力向前推出去,再两手分开接球。

三、幼儿随“找朋友”音乐边唱边去找一个好朋友。

四、两人一起到场地边拿一个大皮球,找空地方边念儿歌边进行游戏。儿歌为:“大皮球,圆溜溜,推一推,滚一滚。你滚给我,我滚给你,大家玩得真高兴。”教师巡回指导,及时提醒幼儿调整两人间的距离。

五、请玩得好的幼儿两人合作表演。幼儿再次游戏,体验共同游戏的快乐。

5. 钻爬与攀登

钻爬与攀登是生活中重要的实用技能,是幼儿所喜爱的体育活动。

(1)幼儿钻爬、攀登能力的发展

小班:爬得自然、协调,有兴趣,钻时容易碰着障碍物,攀登手脚不协调,有危险性,很容易在中途放手。

中、大班:钻爬与攀登表现出协调、灵活、速度快的特点。

(2)动作要领

钻的方法一般有两种:正面钻和侧面钻。正面钻的要求是:面向障碍物,低头、弯腰、屈腿,身体尽量缩小,两脚交替向前移动,从障碍物下面钻过。侧面钻的要求是:身体侧向障碍物,屈膝下蹲,腿前伸,低头、弯腰,移动身体重心,同时转体钻过障碍。

爬的动作种类很多,有手膝着地爬、手脚着地爬、肘膝着地爬以及俯卧在地上的匍匐前进等。无论哪种形式的爬,都要求做到抬头,动作灵活、协调。

攀登动作可以由两手握上一格横木,然后两脚先后登上同一格横木练习开始,逐步过渡到两手两脚交替向上攀登。

(3)各年龄班钻爬与攀登的要求及内容

①小班

要求:学会低头过障碍;手膝协调向前爬;能在攀登架上爬上爬下。

内容:钻过70厘米高障碍物(橡皮筋或绳子);两手两膝着地向前爬;在攀登架上爬上爬下。

参考游戏:小猫钓鱼、蚂蚁搬豆。

②中班

要求:低头缩身,手脚协调地钻爬和攀登。

内容:钻过直径为60厘米的圈;手脚着地屈膝爬;手脚协调地攀登。

参考游戏:小猫搬家、网鱼。

③大班

要求:在中班基础上,协调灵敏地钻爬和攀登障碍。

内容:巩固提高。

参考游戏:小猴摘桃、猫捉老鼠、钻山洞。

(4)教学建议

①钻、爬和跑跳相结合。钻爬时四肢和躯干肌肉负荷较大,在教学和活动时宜与跑跳等活动结合起来,既可提高活动兴趣,又可调节运动负荷,避免身体局部疲劳和全身的运动负荷过高。

②注意安全。攀登有一定的危险性,教学和组织活动时一方面要注意安全保护和帮助,另一方面要通过示范和语言提示等方法增强幼儿的信心和勇气。

③利用现有的地形场地,多给幼儿练习机会。

④在钻爬活动中,如果老师不能做示范,就要请能力强的幼儿做示范。

案例分析

猫搬家(中班)

活动目标

练习钻过直径60厘米圈的能力。

活动准备

1. 有架座的圈8个,玩具小鱼或折纸(数目与幼儿人数相等)。

2. 布置好场地。

活动过程

一、幼儿站在起跑线后。教师:"今天小猫要搬家了,它要把喜爱吃的鱼也搬走,路上它要钻山洞、过草地。"

二、教师示范讲解侧面钻的动作要领:侧站,团身将一只脚先从圈中伸出,然后低头钻过,身体不能碰到圈。可以请一能力强的幼儿示范,纠正幼儿动作。

三、全体幼儿练习钻的动作一次。提出游戏规则:如果山洞被碰倒要赶快扶起再跑,每次只能送一条鱼。游戏时,小猫要钻过山洞,爬过草地将鱼送到新家,然后从右侧跑回并站在队伍最后。当第一只小猫钻过第二个山洞时,第二只小猫才可以钻,直至最后一个幼儿跑回。先搬完的为优胜队。游戏反复玩2—3次。

小消防队员(大班)

活动目标

练习跑步和攀登动作。

活动准备

1. 攀登塔(或六面攀登架)一座,布娃娃若干,红布条(或红色塑料绳)若干。

2. 布置场地:以攀登架代替楼房,把红布绑在塔上表示火焰;塔顶上搁置布娃娃代替客房。

活动过程

一、将参加游戏的幼儿分成人数相等的三队,分别站在攀登塔三面5—6米的起点线后。

二、游戏开始,教师站在楼房前向消防队打电话:“喂,消防队吗?有幢房子着火了,请你们赶快来救火!”各组消防队员齐声说:“是,立即出发!”排头的幼儿边发出“呜呜”的声音,跑向“楼房”,攀上攀登塔,取下一块红布,表示消灭一处火焰。然后往回跑,拍一下第二名幼儿的手。游戏依次进行。最后一人攀到塔顶,救出布娃娃跑回起跑线上,以用时最短的一队为胜。

6. 平衡

平衡能力是指在变化的条件(情况)下,身体保持相对稳定的能力。它不是单一的动作练习,而是通过多种动作练习所形成的一种基本能力。平衡能力的强弱,又将直接影响人们其他活动能力的发展。

(1)幼儿平衡能力的发展

坐、立、行、跑、跳等各项身体活动,都离不开平衡,良好的平衡能力对幼儿的安全特别有好处。一般情况幼儿在5—6岁时平衡能力发展很快,逐步开始能滑冰,骑双轮自行车。

(2)动作要领

窄道走要求上体正直,不晃动,头正颈直,限往前下方看,两臂自然摆动,动作自然;旋转要求两脚转换作轴心,可加手的动作;单脚站立要求膝关节直,另一脚离开地面,腿自然弯曲。其中,窄道走、旋转属于动力性平衡练习,单脚站立属于静力性平衡练习。

(3)各年龄班的要求及内容

①小班

要求:自然走,身体不左右摇晃。

内容:在宽 15—20 厘米的平行线内走;在宽 15—20 厘米的斜坡上走上走下。

参考游戏:收玩具、小鹅吃草、走小路。

②中班

要求:上体正直,上下肢协调。

内容:原地转 1—3 圈;闭眼走 5—10 步;在高 20—30 厘米、宽 15—20 厘米的平衡木上走。

参考游戏:小小侦察兵、唐老鸭盖房子、种小树。

③大班

要求:上体正直,步子均匀,上下肢协调,动作自然。

内容:单脚站立 5—10 秒;单腿站,闭眼转;在有间隔的物体(砖、木板、硬纸等)上走,在平衡木上变换动作走。

参考游戏:小小飞行员、学体操。

(4)教学建议

①进行各种有情节的游戏,让幼儿被情节所吸引,减少其紧张感,提高效率。

②在有一定高度时,鼓励孩子勇敢,又要给予一定帮助,保证安全。

③在间隔物上走,以幼儿的小步为适。

④创造或利用现有的条件、环境,多给孩子练习。

⑤坚持循序渐进的原则。

使用的器械由低到高,由宽到窄;练习动作由易到难,由简到繁,由少到多;旋转速度由慢到快,旋转圈数由少到多。逐步提高要求,不可操之过急,否则,不仅会使幼儿产生害怕心理,而且还可能出现伤害事故。

案例分析

小侦察兵(中班)

活动目标

幼儿通过练习闭眼向前走发展平衡能力。

活动准备

1. 能遮眼的头饰若干(数目与幼儿人数相等)。
2. 场地上画两条相距10米的横线。

活动过程

一、组织幼儿跑步站成面对面的两列队伍(相距8米左右),闭眼向前走5—10步。教师示范、讲解动作要领:"侦察兵的本领真大,能在黑夜里找朋友,今天我们也来学习黑夜走路的本领。走的时候,我们每人都用头饰遮住眼睛。要用前脚掌着地向前走,勇敢地向前跨出去。"

二、与对面幼儿手拉手结成一对后,一对对进行练习:闭眼的幼儿向前走5—10步,睁眼的幼儿两臂张开向后退,边退边告诉闭眼幼儿怎么走,每人轮换练习几次。

三、黑夜找朋友:幼儿站成面对面的两排,相距10米左右。一排幼儿先戴上头饰遮住眼睛,对准对面的小朋友走去。另一排幼儿在原地双手接走过来的幼儿,并叫他的名字。找到朋友,两人就高兴地拉拉手,一起说:"我的朋友找到了。"每排轮换练习两次。请走得好的一对幼儿表演。

(二)体育游戏

体育游戏,是幼儿园体育活动中最重要的内容。它是以基本动作为主要内容,以游戏活动为形式,以增强幼儿体质为主要目的的一种活动。它具有以下三层含义。第一,以各种身体动作的练习为基本内容,主要包括基本动作的练习、发展身体素质的练习以及运动技术动作的练习(如拍球、踢球等)。第二,以游戏活动为基本形式,一般具有一定的情节、角色、规则、娱乐性、竞赛性、自主性和创造性。第三,以发展幼儿的身体素质和基本活动能力为主要目的。

1. 各年龄班体育游戏的特点

(1)小班

①游戏的动作、内容、情节简单,角色少(通常是幼儿熟悉的人来扮演主要角色,一般由教师来担任),为便于相互模仿,主要是集体同时做相同的动作。

②游戏规则简单且和内容联系在一起。如“老猫睡觉醒不了”游戏规则中规定“老猫”睡觉了,“小猫”才能跑出去玩,“老猫”叫唤后,“小猫”才能跑回家,规则实际是情节的组成部分。

③孩子对游戏的动作、角色、情节感兴趣,对结果不太注意,一般不竞赛。小班游戏规则的限制性小,一般不出现“退出游戏”或“停止一次游戏”这样的惩罚办法。

(2)中班

①游戏的动作、内容、情节比小班复杂,角色增多。

②游戏的规则比小班复杂,带有一定限制性、惩罚性。如“老狼老狼几点钟”,要老狼说到“天黑了”才能跑。

③孩子不仅喜欢游戏的情节、角色,也开始注意游戏的结果,喜欢追逐、竞赛,有竞赛因素的游戏占较大的比例。

(3)大班

①游戏动作增多,难度加大,角色更复杂,要求孩子动作灵敏、协调。

②规则更加复杂。

③大班幼儿喜欢竞争性活动;喜欢有胜负结果的游戏。绝大多数的游戏带有竞赛因素,赏罚分明。对严格执行规则和取得胜利的幼儿要鼓励和表扬,凡是违反规则后所取得的成绩或胜利都应取消。

2. 幼儿体育游戏的组织和指导

(1)游戏前的准备

①熟悉教材,根据幼儿年龄特点制订计划。要全面研究游戏,深入了解游

戏的目标、内容、活动方式、规则等。对幼儿情况的分析也应全面，除了解幼儿健康状况，并分析动作、体力和品德表现外，还要注意幼儿智力情况和心理动态，以便在游戏过程中进行全面教育。计划的内容应包括目标、内容、教学重难点、组织教法和教学步骤。计划可详可略，要根据教师和其他具体情况而定。

②物质准备。游戏场地要平整清洁，事先把场地布置好，所画界线要清晰鲜明，有些幼儿园用白宽布带、塑料布条、皮筋等作为起点线、终点线、投掷区等，既方便又实用，还可以根据需要移动。游戏用的玩具、教具和头饰（袖标或胸饰）等要清洁，色彩鲜艳，数量充足，易损坏的玩教具要有备用的。安放的器械要牢固，并要考虑安放的位置。

教师可以引导年龄稍大的幼儿参加物质准备工作，如做标志、布置场地、安放轻的器械。物质准备不仅是游戏顺利进行的保证，而且具有品德教育和美育意义。

③其他准备工作。有的游戏主要角色和做示范的幼儿要事先培养，有的儿歌需要先教，有的游戏情节也应先给幼儿讲述。还要督促、检查和帮助幼儿整理服装、鞋子（脱去多余衣、裤、手套、围巾等）。

（2）游戏开始

①集合幼儿。在短时间内，用简便的方法集中幼儿的注意力，把他们组织起来是保证游戏顺利进行的前提。对年龄小的幼儿，可通过出示玩具、头饰等方法吸引他们参加；对稍大一些的幼儿可用语言或口令把他们组织起来；在室外分散活动时，可利用信号（拍手、摇铃鼓等）集合幼儿；另外，采用过渡性游戏来组织幼儿，集中注意力，是一种行之有效的好方法。如果幼儿对游戏队形不熟悉，可以先在地下画好线，便于幼儿排队。

②分队（组）和分配角色。合理地分队（组）和分配角色，能充分发挥幼儿的积极性和主动性。竞赛性游戏分队时，要使各队力量均衡。分队（组）的方法有教师分配法、点将法、报数法、自由结合法等。

分配角色的原则是：幼儿能胜任；有利于游戏的顺利进行；对幼儿有教育作用。

分配角色的方法有指定法、推选法、斗智法和随机决定法等。指定法有的是直接指定，有的是暗中指定，有的是事先指定，有的是在活动中临时指定的；还可采用念儿歌的方法，如边轻拍幼儿边说儿歌：“叮叮当，叮叮当，有个××请你当！”说最后一个字时拍到谁谁就当主要角色，教师也可以有意识地指定幼儿;还可由前一次游戏的优胜者或主要角色指定。推选法,由参加的人推选决定。如“老鹰捉小鸡”中“母鸡”和“鹰”可由幼儿自己推选。斗智法如“人、枪、虎”游戏,就是要求幼儿动脑筋,想办法战胜对手,才能当追逐者。随机决定法如报数法、击鼓传物法、儿歌传物法、儿歌法、“手心手背”法等。

教师应有计划地让全班幼儿都能在游戏中担任主要角色;教师适当地参与游戏活动,担当角色,能提高幼儿活动的积极性。

(3)游戏进行中

①讲解新游戏。一般要把游戏的名称、游戏中的角色、游戏的玩法、游戏的规则与要求、游戏的结果向幼儿讲明。其中特别是玩法规则与要求要讲清楚,否则会影响游戏的顺利进行。讲解要运用生动、形象的语言,内容简明扼要、幼儿化,声音洪亮;讲解可结合示范进行(教师自己示范或请幼儿示范)。小、中班要求示范,大班根据情况也可讲完就做。

②幼儿游戏,教师观察指导。幼儿游戏时,教师要全面与个别相结合地观察幼儿,并运用鼓励、引导、参与、帮助、纠正、保护等具体手段指导幼儿,使幼儿主动、积极地开展游戏。

③小结讲评。对前段时间的游戏情况,教师可运用交流、演示、讲评(包括提出新的玩法和要求)等方法,对游戏进行阶段性小结讲评,鼓励幼儿继续游戏。

④游戏进行中应注意的问题

第一,调节活动量,注意孩子的发展。在游戏进行中,教师要善于观察与调整游戏的活动量。如发现运动量不足或过大时,应采取增减比赛活动的次数、扩大或缩小场地或者是进行轮流活动和短时间的休息等方法来进行调节。(休息时可评定幼儿执行规则方面的情况,以及提出注意安全等方面的问题。)另外,还要注意对体质强弱不同的幼儿区别对待。如进行“捕鱼”这个四散追逐跑的游戏,刚开始进行时,可先放一段音乐,让全体“小鱼”自由自在地游一会儿,活动一段时间后,可先捕体质弱的“鱼”,对那些较胖而不太爱活动的“鱼”可在他身后假装捕捉,督促他们多活动,然后再捉那些体质一般或是较易兴奋、控制不住自己活动量的“鱼”,对体质强的可以不捕他,这样,就可以避免体弱的“吃不消”,体强的“吃不饱”的现象。

第二,注意动作的发展。在游戏进行中,幼儿往往被游戏的内容、情节或比赛的胜负所吸引,而忽略了动作的正确姿势,教师应对幼儿采取有效措施或补充一些必要的规定来限制错误动作。例如某幼儿园教师让幼儿头顶着沙包在平衡木上走,且提出了三个要求:一是复习走平衡木的动作,上体正直,不低头,走得要平稳;二是沙包如果掉下来,必须捡起顶在头上,从掉下来的地方接着走;三是先做完的组为胜利者。幼儿为了快,顾不得上体的姿势,一低头沙包就掉下来。教师重新组织了游戏,要求这次比赛不比快,只比哪队掉包的次数少,结果,幼儿较好地完成了前两个要求,达到了巩固和提高走平衡木的教学目的。

幼儿在游戏进行中出现错误动作时,教师可以用简短的语言提醒幼儿注意,但不要经常让幼儿立即停止游戏,纠正动作。最好是在游戏间歇时,教师指出错误动作,强调正确姿势。还可以让做得好的幼儿示范表演,这样既不破坏进行游戏的情绪,又能巩固做得好的幼儿的动作,还能让大家向他学习。

第三,注意培养幼儿遵守规则,重视品德教育。通过游戏的方式培养幼儿的集体主义精神,使他们学会控制自己的行为、遵守纪律等优良品德。让幼儿遵守规则,必须使幼儿了解规则,自觉自愿地遵守规则,而不是消极地被规则所限制。如进行"捕鱼"的游戏,让幼儿在指定的大圆圈里四散跑,教师就可以向幼儿说明,这个大圆圈是"鱼池",鱼离不开水,如果跑出圆圈就算被捉到了。这样讲解幼儿就容易理解和遵守规则。在游戏中如果出现了违反规则的现象,教师一定要分清原因,有针对性地进行教育。小班幼儿的理解力、记忆力和控制自己的能力比较差,尤其在学习新游戏时,要求他们严格地执行规则是有困难的,所以教师最初不宜过于严格地要求他们,应循序渐进地逐步提高要求。中、大班幼儿如果是为了比赛的胜负而忽略了规则,教师就应在比赛中及时提醒,在游戏结束时评议执行规则的情况,在下次玩之前进一步明确规则要求。

第四,注重安全问题。在游戏过程中,教师还要把幼儿的安全问题重视起来。幼儿体力较弱,身体的灵活性、协调性以及独立活动能力差,易兴奋,自我保护能力较低,缺少安全卫生知识,因此在活动量大、动作较难、组织纪律不好、场地不平整或上器械练习时都易发生伤害事故。教师在组织体育游戏时要严谨,尽量消除一切不安全的因素。

(4)游戏结束

提前或延迟结束游戏,其效果都不好,因而在幼儿感到满足并还有余兴的时候,是结束游戏的最好时机。结束活动主要有三项内容。第一,整理活动。激烈的游戏结束后要做整理活动使幼儿身体和情绪逐渐恢复平静。第二,讲评。一是对幼儿在游戏活动中表现的评议,应以表扬优点为主,表扬要具体、准确,对个别表现较差的幼儿不要当众训斥和恐吓,要在游戏后做细致的教育工作;二是教师对游戏效果和指导工作的自我评议,要从游戏的任务完成情况来讲评,教育效果不能单纯看锻炼效果和情绪负荷。第三,组织部分幼儿帮助教师收拾、整理场地与器材。

3. 幼儿体育游戏的创编

(1)幼儿体育游戏创编的原则

①灵巧性原则。幼儿的走、跑、跳、投、爬等基本动作已基本形成,但动作的准确性、协调性还比较差,在体育游戏的设计中要多安排或穿插进行有益于发展幼儿灵活应变能力、精确能力、协调能力的游戏内容,如:“老鹰捉小鸡”游戏中的躲闪动作;拍皮球并进行计时赛;用球拍端着乒乓球过独木桥等。

②趣味性原则。体育游戏的趣味性,是体育游戏具有生命力的重要因素。因此,应选择幼儿熟悉和喜爱的角色,安排简单有趣的情节,使幼儿对体育游戏感兴趣。教师要不断地收集体育游戏素材,积累创编和运用体育游戏的经验,通过各种角色的变化、运动器械的创新,以及游戏方法和规则的推陈出新,创编出丰富多彩、新颖有趣的体育游戏。

③智慧性原则。教师在设计体育游戏的过程中,应该在规则允许的范围内尽可能多地留出完成游戏方法的选择余地,这样就能不断地拓展幼儿的想象空间和创造空间,提高他们的智力水平。如果一种体育游戏只有一种完成方法,就很难说它是一则好的体育游戏,同样是“穿山洞”“过障碍”“走下坡”,就应该有不同的“穿”法、“过”法和“走”法。这正是优秀体育游戏的价值所在。

④教育性原则。体育游戏的教育性原则主要体现在培养幼儿自信、自强的品质和团结友爱的集体主义精神及优良道德风貌的塑造上。一个好的体育游戏应该既能表现个人价值,又能体现集体力量。因此,在设计体育游戏时,教师应有意识地把个人项目与集体项目有机结合在一起,不要单纯的个人项目的游戏,也不搞纯粹的集体项目游戏。也就是说,所有表现个人技能的游戏最好都用组队的方式来进行,使幼儿在获得成就感(或产生失落感)的同时又能体会到集体的温暖和强大,感受到团结协作的重要性,以利于互助观念和集体荣誉感的形成。

⑤安全性原则。由于幼儿控制自己行为的能力较弱,教师也无法事先完全预料游戏过程中会发生什么事情。为确保安全,必须在所有游戏道具的使用和

场地布置上考虑周全。比如,整个的游戏空间、场所、环境没有任何尖锐的棱角和坚硬的器具,不会产生撞击情况,不会因摔跤而造成伤害等。这就要求游戏应在有草坪、有木地板或地毯覆盖的平面上进行;应采用质地轻柔、棱角圆滑的木材或塑料、橡胶、泡沫、海绵等制作的器材做游戏的道具;游戏道具的立体高度不能太高,坡度不能太陡,诸如“平衡木”“跷跷板”之类的装置,其高度离开地面二三十厘米即可。

(2)幼儿体育游戏创编的方法

①制定目标。制定游戏目标,是幼儿体育游戏创编最重要的一环。制定目标,首先必须从幼儿已有的水平出发,最终促进幼儿达到新的发展水平。其次,目标必须明确而具体,从发展幼儿哪些基本活动能力和哪些身体素质,培养幼儿哪些能力和良好的个性品质等几个方面来选择确定,避免单纯以身体发展为唯一目标,避免太抽象、太笼统、不具体、不切实际的要求。

②选择内容。幼儿体育游戏,主要是以身体活动为内容。它包括:走、跑、跳、投、钻、爬、攀登等基本动作;利用各种球、绳、圈、棍、沙包、攀登架等大中小型运动器械的体育游戏活动;利用水、土、沙子、石头、冰雪、山坡、田野等大自然环境的各种体育游戏活动;各种民族、民间地域性体育游戏活动。

③确定设计方法。幼儿体育游戏设计可以从角色、情节入手,结合游戏名称、活动方式、动作过程、规则、结果等。

角色是幼儿体育游戏中不可缺少的重要部分。在比较简单的幼儿体育游戏中,可以只设计一个角色;在较复杂的体育游戏中,也可选择多个角色。角色安排方面,可以设计同一角色或不同角色共同完成一个任务,也可以选择不同角色相互对抗情节。可以以幼儿熟悉的生活为题材,也可以用电视、电影、画报、报刊中的童话故事为题材,还可以以成人的各种活动为题材。另外,部分体育游戏没有复杂的情节,甚至没有任何情节。

游戏名称应该生动、直观、形象,符合幼儿认知水平,并具有体育特征。

游戏方法是游戏过程中的主要部分,游戏应该集合成什么队形、分成多少人一队、开展游戏的具体方法和结果以及游戏的开始到结束的顺序等,都要表述完整。

游戏规则应力求简单、具体、明确,有利于游戏的开展与进行。它随着年龄及动作要求的变化而变化,具有很大的可变性和灵活性。

④幼儿体育游戏的基本格式要求。包括:游戏的名称;适用于哪个年龄阶

段的幼儿;游戏的目标;游戏的准备(包括场地、器材、能力基础);游戏的方法;游戏的规则;注意事项及活动建议;画场地示意图。

4. 介绍几种体育游戏

①翻饼(炒黄豆)(中班)

目的:练习钻的动作;发展幼儿协调能力。

玩法:两个幼儿相对站立手拉手,左右摇动,同时念儿歌:“翻饼、烙饼,油炸馅饼。”或念:“炒、炒、炒黄豆,炒好黄豆翻跟斗。”念完后立即高举一手,两人的头向里钻,同时转体360度(转体时要钻过举起的手,相背时两手高低交换)。

建议:儿歌内容可根据当地习惯自选自编。

②秋风和树叶(小、中班)

目的:教幼儿走跑交替,培养幼儿按照一定的信号和要求来做动作,提高幼儿控制身体平衡的能力;使幼儿在轻松愉快的情绪中,学习用身体动作来模仿和表现风吹动小树和树叶的情景,激发幼儿的想象力。

准备:铃鼓一个。

玩法:首先,教师讲述一个情节,请幼儿用动作表示自己的感受。如“秋天到了,凉爽的秋风吹动小树,小树会怎么样?”让幼儿回答,并用动作来表现。比如模仿小树摇晃、树叶轻轻飘落等。其次,游戏“秋风和树叶”。教师扮“秋风”,幼儿扮“树叶”。听“秋风”发出各种信号(用铃鼓表示),“树叶”做相应的动作。当教师手摇铃鼓说:“起风了。”幼儿在场地上自由行走。(注意不要互相碰撞。)当教师说:“刮大风了。”同时快速摇动铃鼓,幼儿在场地上自由地跑。当教师说:“风小了。”幼儿慢走或慢跑。当教师说:“刮旋风了。”幼儿原地转圈。当教师说:“风停了。”幼儿原地站住,然后慢幔地蹲下来。教师扮成拾落叶的人,用手轻拍“树叶”。被拍到的“树叶”要轻轻地站起身走到教师身后,跟着教师走。最后,教师把“树叶”带走,活动结束。

建议:教师应根据幼儿活动的实际情况控制活动量,注意幼儿走、跑的交替及节奏快慢的变换;若有条件,可以播放一些有快慢节奏、旋律优美的音乐,用以表示风大或风小,让幼儿随着音乐的旋律,根据想象表现出树叶的活动或动作。

③多变的棉棍(小、中班)

目的:发展幼儿走、跑的能力,增强腿部力量;培养幼儿动作的灵敏性和协调性。

准备:花布制棉棍,直径为78厘米,长为100厘米左右,内塞高弹棉,两端缝上魔术贴,数量与幼儿人数相等。

玩法:"田鼠咬尾巴",幼儿将棉棍一端塞进后裤腰,露出大半截当作"田鼠尾巴",后一个幼儿抓住前一个幼儿的"尾巴",学习一个跟着一个走,边走边念儿歌:"小小田鼠走走走,一个跟着一个走,不掉队呀不落后。"然后,幼儿两人一组,互相追逐跑,后一个幼儿用脚踩前一个幼儿的"尾巴",踩中后相互交换。

捉"田鼠",幼儿站在直径为5米左右的圈内。游戏开始,老师打扮成"农民",幼儿扮"田鼠"在"田野"里四散跑,"田鼠"若被"农民"捉到尾巴,必须站在圈上。

"套一套",将棉棍两端粘在一起变成圈状,幼儿将圈向上抛起,让圈从头上套进;也可以双手并拢举起,从手上套进,或两位幼儿互相抛、套。

"跳一跳",幼儿将圈放在地上,单人玩可单、双脚跳进、跳出或跳过圈,多人结伴可向前行进跳、单双脚交替行进跳、跨跳等。

规则:学习一个跟着一个走时,幼儿双手不能松开,但也不能拉出"尾巴";捉田鼠时,被捉到的幼儿要站在圈上,不能再在圈内奔跑,游戏重新开始时再站进圈内。

建议:棉棍尽量用柔软的彩色尼龙布或薄绒布制作,内附高弹腈纶棉,使棉棍手感柔软,变形自如,便于洗涤。捉田鼠游戏时,幼儿不宜过多,以免奔跑时碰撞。棉棍变形简单,还原自如而玩法多样,教师要积极启发幼儿自己创新玩法,增加活动的趣味性。

案例分析

体育游戏"蚂蚁搬豆"(小班)

活动目标

1. 初步学习两手两膝着地向前爬的方法和技能,培养幼儿动作的灵活性和协调性。

2. 培养幼儿热爱劳动、做事认真的好习惯。

活动准备

垫子，小篮子若干，大木珠若干，录音机，磁带。

活动过程

一、幼儿随音乐学小鸟飞、蝴蝶飞、小鸭子走、小兔跳、小乌龟爬等动作。

二、学一学小蚂蚁的动作：早上起床伸懒腰、蹦蹦跳跳做早操、出门走路排排队、寻找食物真辛苦。

三、游戏“蚂蚁搬豆

1. 教师：“冬天要来到了，小蚂蚁们要出门找食物过冬，它们找呀找，找到了许多许多的豆子，它们要把这些豆子搬回洞里去好做过冬的粮食。可是搬豆的时候，要爬过一个很大的草坪（垫子），才能把豆子搬回洞里去。小蚂蚁一定要仔细一点，小心不要把豆子掉了。”

2. 教师示范搬的过程：检几颗豆子（大木珠），双手双膝着地爬过垫子回来把豆子放在小篮子里。

3. 幼儿玩游戏，教师纠正个别幼儿爬的动作。

4. 引导幼儿在回家的路上模仿小蚂蚁搬、扛、背、举豆的动作。

5. 听音乐学习小蚂蚁相互抱抱、摸摸背、拍拍腿放松一下。

6. 教师：“天黑了，小蚂蚁们搬着豆子回家吧。”

活动评析

本次活动以情境游戏的形式进行，将活动目标自然地渗透到活动的各个环节，让幼儿边玩边学习一些动作的技能技巧，很适合小班幼儿的活动特点。

在活动中幼儿自然地把自己当作是一只只可爱的小蚂蚁，捡豆子、运豆子，非常积极地投入到活动中。在爬垫子的时候，大部分幼儿都能够做到双手双膝着地，交替并用爬过垫子，动作协调。但是有的幼儿因为急于爬过垫子，所以有些磕磕绊绊，经过教师的指导和自我调整，最后也能顺利地、动作比较协调地爬过垫子，较好地掌握了这一动作。

游戏“小老鼠上灯台”（小小班）

活动目标

1. 练习双脚跳的基本动作。

2. 培养幼儿四散跑及反应的灵敏性。

活动准备

硬纸板制成的大圆片若干，老鼠头饰若干。

活动过程

一、教师带幼儿拍手念儿歌《小老鼠上灯台》：小老鼠，上灯台，偷油吃，下不来，叽里咕噜滚下来。

二、教师带幼儿边念儿歌边走。儿歌停下师幼站住。

三、用圆纸板做游戏。

1. 教师撒圆纸板，幼儿跑到纸板前跳上去站住。

2. 教师带幼儿边念儿歌边走，当教师撒圆纸板时，幼儿快跑跳到圆纸板上。

3. 游戏反复进行。

活动评析

此活动内容取材于民间童谣，该童谣简单易上口，加之此童谣诙谐，孩子们非常感兴趣。

该游戏属于原创游戏，设计者在充分考虑小小班幼儿年龄特点的基础上，循序渐进地增加动作及活动目标的难度，有利于促进幼儿在原有基础上的发展。

(三)基本体操

1.幼儿体操的内容与特点

幼儿体操包括幼儿操和排队、变换队形两部分。

(1)幼儿操

幼儿操可分为模仿操、徒手体操、轻器械体操等不同类别。

模仿操是将日常生活中常见到的各种活动,如成人的劳动、自然界的各种现象、动物的动作与姿态,或是军事训练中的动作等挑选出来,编成很形象的体操动作,让幼儿进行模仿练习,有目的、有针对性地来促进幼儿身体的发展。它适合于年龄较小的幼儿做,而且深受幼儿的喜爱。模仿操又可分为动物模仿操、游戏模仿操、运动模仿操、生活模仿操、劳动模仿操、军事模仿操等。如模仿拍皮球、洗手绢的动作,模仿摘苹果、射击的动作,模仿太阳高照、刮大风的自然现象,模仿小兔跳、小鸟飞、大象走的动作等。模仿操的特点是:形象性强,常常与儿歌相配合,幼儿容易理解、容易记忆;对动作准确性的要求不高,只要模仿得像即可,幼儿容易学会和掌握;形式和内容丰富多样,自由活泼,幼儿可以自由发挥。

徒手体操是指幼儿通过头颈、上肢、下肢、躯干等部位的协调配合,根据人体各部位运动的特点,按照一定的程序,有目的、有节奏地进行的各种举、振、屈、伸、转、绕与绕环、蹲、跳跃等一系列单独或组合动作的身体练习。徒手体操可分为:徒手操、拍手操、健美操、韵律操、武术操等。它的特点是:身体姿势端正,队列排得较整齐;做操动作的方向和角度要基本保持集体的一致;动作要有节奏、有节拍,并要尽可能正确和准确等。

徒手体操的基本动作如下。

①头颈动作

屈:前屈、后屈、侧屈。

转:左转、右转。

绕环:左、右绕环。

②上肢动作

举:平举(前平举、侧平举)、上举(侧上举、前斜上举)、侧下举、后举。

振:(以肩为轴,臂做弹性动作)平振、上振、下振、后振。

屈、伸。

绕、绕环:向前绕环、向后绕环、向左右绕环、等于或大于 360 度以上的绕环。

③躯干动作

屈:前屈、后屈、侧屈(左、右侧屈)。

转:左转、右转。

绕环:向左、向右绕环。

④下肢动作

蹲:全蹲、半蹲。

踢腿:向前踢、向后踢、向侧踢。

弓步:前弓步、侧弓步。

⑤跳跃动作

有双足跳、单足跳、左右开合跳、前后开合跳、交换跳等。

轻器械体操,是指在幼儿徒手操的基础上,手持较轻的器械所做的各种体操动作。轻器械操除了具有徒手体操的动作要求以外,还需要根据所持器械的特点,做一些特殊的体操动作,如哑铃操需做各种击铃动作,小旗操需做刚劲有力的挥臂动作,铃鼓操需做拍鼓、摇铃的动作,球操需做托球、举球的动作等。轻器械体操,可分为手持轻器械的体操和辅助轻器械体操。

幼儿常做的手持轻器械体操有:哑铃操、小旗操、手铃操、球操、铃鼓操、棍棒操、花操、彩带操等。也可以利用一些废旧物品或生活用品来做操,如易拉罐操、纸棒(板)操、树叶操、手绢操、扇操、泡沫板操、救生圈操、皮筋操、筷子操等。

辅助轻器械体操有:竹竿操、椅子操、垫子操等。

轻器械体操的特点是:提高了动作的难度,加大了体操的运动量;具有色彩、声响及动作的多变性,易激发幼儿兴趣:能培养幼儿愉快、活泼的情绪。

各年龄班幼儿体操的特点及教学要求如下。

小班以模仿操为主,每套操 4—6 节,每节四四拍或二八拍,节奏较慢,活动量较小;学习一两套徒手操过渡。

中班以徒手操为主,学习简单的轻器械操,动作有一定的难度;每套操 7—8 节,每节二八拍,节奏有快有慢,活动量比小班增大。

大班以徒手操为主,学习较难些的轻器械操,可适当增加一些韵律操和辅助器械操等;动作变化较多,动作难度较大;每套操 8—9 节,每节两个或四个八拍，节奏变化较多，快慢相间，活动量较大。

幼儿体操的教学建议如下。

把生动形象的讲解和示范结合。教师的示范动作要正确、优美；讲解要形象生动、有趣；注意示范的位置和方向，以每个孩子能看见为原则，动作示范方向主要是镜面示范，辅以其他方位的示范。冬天，要让孩子背向风，夏天，让孩子背阳。

重视培养幼儿做操时身体的正确姿势，以及做动作用力的力度。首先要抓好动作的部位、路线和幅度，再逐渐要求部位准、路线对、有一定的幅度。教师要随机予以指导，用口头提示和具体帮助的方法及时纠正其错误动作。

学会正常的呼吸。上走吸气，下走呼气，不让幼儿憋气，一般是臂举起，扩胸，展体时吸气，臂落下，含胸，体前屈时呼气。

操节在一定时期要更换，以激发幼儿做操的兴趣。

(2)排队和变换队形

排队和变换队形，也称基本队列队形练习。它是指全体幼儿按照统一口令，站成一定的队形做协调一致的动作。

各年龄班幼儿排队和变换队形能力的发展有所不同。

小班幼儿很多是初次过集体生活，还没有形成集体意识，不习惯集体活动，不懂得排队，更不理解队形变换。练习排队时，往往都愿意站在前面当排头或争着站在老师身边，前后左右的位置有时搞不清楚。经过练习，小班的幼儿能在老师的引导下改变站立的方向、移动和停止，但在排队时不能很好地把注意力集中在听口令、做动作上。到小班后期能够听口令做一些简单的动作，初步掌握一路纵队走成圆形队，但幼儿的注意力易分散，他们的方向位置和距离等空间知觉发育不好，以致不易保持队形，需要老师经常提醒。

中班幼儿已逐渐习惯于集体生活，他们的空间知觉有了明显的发展，能够听从口令做一些基本的排队和队形变换（如切段分队）。

大班幼儿能以自身为标准辨别左右，并能掌握一些较复杂的队形变换（如左右分队）。

表 6－3　各年龄班排队和变换队形的内容

	小班	中班	大班
排队	稍息，立正，看齐（向前看齐，两臂放下）齐步走，跑步走，立定	在小班基础上，增加了原地踏步、跑步走	在中班基础上，增加了向左（右）转，便步走，左（右）转弯走
变换队形	一个跟一个走圆圈	听口令切段分队走	听口令左右转弯分队走，螺旋走，蛇形走，开花走等

各年龄班排队和变换队形的要求为：小班学习听口令；中班学会听口令；大班能掌握一些较复杂的队形变换。

排队和变换队形的教学建议如下。

①增加教学中的趣味性，约束要适当，练习不过多。

②排队和变队重点放在辨别和识别空间方位上。

③排队和变队与日常的各种活动结合起来。

④教师或能力强的孩子做示范。

⑤教师必须正确地运用口令。正确运用口令包括：口令要清楚，声音要洪亮；分清预令和动令；预令要长，动令要短而有力。如“齐步—走”“齐步”是预令，“走”是动令。无预令时，可以用语音提示，口令要规范。

2. 幼儿体操的创编

（1）选择和创编幼儿体操的基本要求

①符合幼儿的年龄特点。幼儿体操的动作应简单易做，活泼欢快，可将反映幼儿年龄特点的点头、拍手、跳跃等动作融到操节之中。器材要选择幼儿熟悉和容易使用的，特别是有声响、能敲击、摇晃、挥动出不同节奏的器材，音乐也要选择孩子熟悉、理解和节奏明快的乐曲或歌曲。要避免动作、队形、音乐、器材上的成人化。

②要注意幼儿身体的全面锻炼与发展。一套较好的幼儿体操动作，应该能全面地锻炼幼儿的身体，因而，要将幼儿身体各部位（如头颈、四肢、躯干等）的

动作有机地组合起来,锻炼幼儿的肌肉骨骼、关节、韧带,使幼儿动作的灵敏性、平衡能力、柔韧性和协调性得到全面的、协调的发展。

③合理地安排动作程序及活动量。编排成套的幼儿体操动作的程序是:上肢或四肢伸展的动作—扩胸转体的动作—腹背的动作—下肢及全身的动作—放松、整理的动作。其动作的速度应由慢到快,再由快到慢。整套动作的活动量也应由小到大,再由大到小。

④注重兴趣性,要有美感。所选编的幼儿体操的动作、配乐、儿歌、器械应是幼儿感兴趣的、爱做、爱听、爱看的;一套体操设计得再合理,如果动作不能引起幼儿的兴趣,他们就不爱做,勉强去做他们也会“身在心不在”,“出操不出力”,锻炼效果差。所选编的动作、配乐、器械、儿歌还应符合审美要求,使幼儿能感受到美,有利于幼儿健美体态的形成和审美意识的发展。

(2)创编幼儿体操的步骤与方法

①确定目的。编操要有明确的目的。明确完成什么任务,给什么年龄的幼儿编,他们做操能力和身体发展怎样,什么时间用,是早操、准备活动还是节日表演使用。若是体育课的准备活动就要注意与课的内容配合,并可选些诱导性的动作,若是节日表演的操就要考虑表演效果。

②选择操型,确定风格。首先要选择什么类型的操,是徒手体操还是轻器械操,如果选定轻器械操则要进一步确定用什么器械。操型选定之后还应确定操的风格,是欢快活泼的,还是平稳流畅的;是刚劲有力的,还是柔和优美的;是突出民族风格的模仿操,还是融有现代舞动作的健美操。

③确定操的名称、内容和节数,设计动作。确定操的名称、节数、内容顺序,每节操的组合数和节拍数,再逐节设计。设计动作是主体工作,设计每节操首先要设计好主要动作的性质、幅度、方位、路线、速度、数量。如设计体前屈运动时先要确定是弹性屈伸,还是只是屈;要确定屈的次数、幅度和力度,还要考虑是单纯的体前屈,还是与转体动作组合。一节操应保证主要动作的次数,协同和支撑动作应有利于加大主要动作的幅度与力度,提高锻炼效果。处理好主次关系是编操的重要问题,目前编操中不突出主要动作是一个普遍的问题。

设计动作时要注意发挥和发展肌肉的弹性。适当加“花”。即安排一些击响动作或呼声以振奋精神、活跃气氛和加强动作力度;或增加一些模仿动作或造型以激发兴趣、增强美感、丰富动作内容。如模仿“小猫”理胡须动作时,可发出“喵!喵!”的声音;模仿划船动作时,可唱出“摇呀摇!”;做扩胸动作时,可发出“嘿！嘿！”的声音。适当采用“换位”和变单人动作为双人动作等方法以丰富动作素材、加大负荷，提高动作的趣味性。

设计器械操动作时要充分发挥器械的功能特点，不要把它编成持器械做体操基本动作。如设计竹竿操时要发挥它的丰富动作和模仿功能：可用竹竿模仿划船、举重、舞棍、耍枪；也可以模仿竹竿舞中的击竿、跳竿等动作。又如，“可乐罐”操，可将敲击、摇晃、抖动等动作渗透到每一节操中。

④编写、选择儿歌或配乐。应选择各种幼儿所熟悉的儿歌或音乐。用现成的歌曲作配乐时，无论是先找歌曲还是先设计动作，歌曲的速度和节奏都应与动作一致，曲调应与动作的风格一致。配乐还应符合幼儿的审美趣味与审美能力。最好是自己创编配乐。

⑤绘图，撰写说明，总结经验。

（四）器械活动

1. 幼儿体育运动器械的分类

（1）固定性运动器械

主要包括滑行类、摆动类、旋转类、颠簸类、攀登类、钻爬类、弹跳类等大中型运动器械。

①滑行类，指顺着斜面由高处往下做滑行动作的运动设备，如各类滑梯、小滑板等。

②摆动类，指悬挂在空中，可以做前后或左右摆动动作的运动设备，如秋千、浪船等。

③旋转类，指围绕着一个中心轴做旋转运动的设备，如转椅、宇宙飞船等。

④颠簸类，指用于做上下颠簸运动的设备，如摇马、跷跷板等。

⑤攀登类，指用手和脚做攀爬上升或登高的运动设备，如各类攀登架、攀网、肋木等。

⑥钻爬类，指用于做钻或爬的动作练习的运动设备，如铁架地道、“海洋球”池等。

⑦弹跳类，指专门用于做弹跳动作练习的运动设备，如蹦蹦床、充气城堡等。

(2)中、小型可移动性运动器械

该类运动器械主要是指一些能够搬动或可以移动的中、小型运动器械。主要包括平衡木(板或长凳子)、拱形门、投掷架、木制台阶、小梯子垫子、小三轮车、脚踏车、摇摇车、小手推车、滑板车等等。

(3)手持各种小型体育活动器械,以及各种自制的体育活动器械

主要包括各种大小球类(皮球、塑料球、气球、乒乓球、木制球、儿童羽毛球、儿童保龄球等)、棍棒、橡皮筋、跳绳、塑料圈(藤圈)、小哑铃、小凳子、小椅子、沙包、毽子、小高跷、小竹马、铁环、各种小镖、陀螺等。

2. 幼儿体育运动器械的作用

进行各种类型运动器械的游戏活动,能调动幼儿参加体育活动的积极性、主动性,逐步提高幼儿动作的灵敏性、协调性、稳定性;发展幼儿肌肉力量和平衡能力,促进幼儿各项身体机能的发展和提高;发展幼儿空间感觉、知觉及定位、定向的能力和判断能力;培养幼儿勇敢、顽强、不怕困难的意志品质和团结互助、遵守纪律的优良品德;培养幼儿活泼开朗、合群、乐观的良好性格;促进幼儿自我意识、独立生活能力和各种活动能力的发展与提高。

(五)有关冰、雪、水等的活动

幼儿机体正处在生长发育的重要阶段,神经系统的调节机能不够完善,机体对环境的适应能力较差,很容易因为自然因素的变化而影响身体健康。而自然界中有阳光、空气、水和冰雪的不断变化,随时会以不同的刺激作用于人体,只有坚持让幼儿经常经受各种不同刺激的作用,使其能随着这些自然因素的变化而改变自己的生理活动,以提高对自然环境变化的适应能力。幼儿园适时地对幼儿开展三浴及冰雪锻炼,不仅能促进幼儿的生长发育,提高健康水平,同时,还可以培养幼儿克服困难的勇气和坚强的意志品质。

冰雪天,可以组织幼儿玩滚雪球、堆雪人、打雪仗、踩雪印的游戏;有条件的幼儿园,还可以组织幼儿滑冰。这是冬季组织幼儿充分利用自然环境条件进行身体锻炼的极好内容。

幼儿园能为幼儿提供的玩水活动,包括徒手在水箱中玩水、运用各类用具(玩具)玩水、在水池中戏水等。有条件的幼儿园,应当组织幼儿游泳,充分利用水锻炼幼儿身体。

(六)幼儿体育专项启蒙训练

有条件的幼儿园可以开展如游泳、武术、溜冰、乒乓球、滑板等专项体育启蒙训练。这些训练项目是以教练指导为主,教师指导为辅。

二、组织学前儿童体育活动常用的基本方法

(一)示范法

示范法是教师以正确的动作为范例,使幼儿了解动作的形象、结构、要领等的一种方法。

因为幼儿以具体形象思维为主,认识和理解事物更多地依赖于生动鲜明的形象,所以示范在幼儿体育教学中具有重要的地位。

根据不同的分类标准,示范可分为:完整示范和分解示范;个人示范和集体示范;正面、侧面、镜面和背面示范;动作示范和活动方式示范等。教师应根据教学需要,采用适当的示范方式。在运用时应注意以下四点。

1. 要有明确的目的性

教师每次示范,都应明确所要解决的问题,应根据教学任务和幼儿具体情况来考虑示范什么,怎么示范;让幼儿观察什么,怎么观察。如教新内容时,为了使幼儿建立完整的动作概念,需要用正常的速度做一次完整的示范;为了让幼儿看清动作的关键要领或某一环节,则可以做慢速的、静止的或局部的示范。有时可边示范边讲解,如示范从高处往下跳,是让幼儿看起跳还是看落地,是看脚和腿,还是看上体和手臂,这些都必须向幼儿讲清楚。如果盲目示范,或示范次数太多,不仅缺乏教育意义,还会分散幼儿的注意力。

2. 示范要正确、并力求轻松、优美熟练

高质量的示范不仅能使幼儿建立正确的动作形象,而且还可以得到幼儿的赞扬和佩服,激发幼儿学习的积极性。尤其是第一次示范常会给幼儿留下深刻、鲜明的印象。因此,教师要努力做好示范。教师一般不宜模仿幼儿的错误动作,因为幼儿好奇、爱模仿,看了错误示范常会跟着学。有时可让动作做得好

的幼儿出来示范，帮助幼儿树立起学习的信心。

3. 注意示范的位置和方向

示范的位置必须有利于幼儿的观察。教师除应根据不同的队形，选择示范的位置外，还应注意不要让幼儿面向阳光、风向和容易分散幼儿注意力的事物站立。示范的方向(示范面)要根据动作的特点和让幼儿观察的部位而定。例如，为了显示动作的左右距离，则采用正面示范；为了表示动作的前后部位，则采用侧面示范；方向路线变化比较复杂的动作，可采用背面示范，但因为背向幼儿做示范不易了解幼儿练习的情况以便及时指导，所以一般不常用。在学习小武术、韵律操、舞蹈等方向路线较杂的动作时，可让做得较好的幼儿站在前边做背面示范，教师在旁指导。镜面示范即示范者面向幼儿，动作方向与幼儿一致，左右相反、像镜子一样反映幼儿的动作，领操时经常采用镜面示范。

4. 示范与讲解相结合

为了运用多种感官感知教材，以扩大直观教学的效果，在体育教学中，示范与讲解是经常互相结合运用的。在具体结合时是先示范后讲解，还是先讲解后示范，或是边示范、边讲解，这就需要教师事先考虑，在教学过程中根据具体情况灵活运用。

(二)讲解法

讲解法是教师用语言向幼儿传授体育知识、技能、组织教学和进行思想教育的一种方法。在运用时应注意以下四点。

1. 讲解的内容不仅要正确，而且要符合幼儿的接受能力

首先，讲解的内容必须正确可靠，这是保证讲解质量的首要条件；其次，需要教师能够把抽象的东西讲得浅显易懂，语言要生动形象，可借助表情和姿势说话，要有感染力和鼓动性，语音的高低强弱，语流的速度、间隔应与幼儿的心理节奏相适应。

2. 讲解要简明扼要，重点突出

幼儿有意注意集中的时间较短，所以，在教学中要用最简洁的语言达到最

佳的讲解效果，不能讲得过多、过细，占用时间过长。这就需要教师把握住教材的难点、重点，了解幼儿的水平，根据教学任务确定讲什么，并把它概括成精练的语言使字字句句讲在点子上。例如，讲立定跳远的动作要领时，预备姿势和腾空动作方法，可以通过示范传授给儿童，重点讲起跳和落地动作的方法、要领。起跳只要用“腿蹬直、臂摆起”六个字，落地也只要讲“屈腿”两个字就行。在教学中，适当地使用口诀、儿歌或顺口溜，有助于做到语言的精练。

3. 讲解要富有启发性

启发的目的就是调动幼儿学习的积极性和主动性。要做到这点，教师必须熟悉教材和了解幼儿。在练习前，可以有意识地设下“悬念”，让幼儿带着问题去学习；也可以采用提问或讨论的方式来启发幼儿动脑筋、想问题，提高学习兴趣。但如果教师的提问是“是非式”的，或是由教师设框框，幼儿套框框，这就毫无启发的作用。

4. 讲解要注意时机和效果

当幼儿正在做练习，特别是在情绪高涨地进行游戏，或注意力分散、东张西望、叽喳说话时，以及教师背向幼儿或调动队伍时，除了适当地作简短的提示外，一般不作讲解。在教学过程中什么时候讲解最为有利，最能收到效果，教师必须准确把握。当幼儿注意力集中，情绪较稳定，或是有疑惑时讲解，才能收到较好的效果。

（三）练习法

练习法是根据教学任务，有目的地反复做某动作的方法。它是掌握技能、发展基本活动能力和锻炼身体、增强体质的基本方法。幼儿园常用的练习法主要有以下四种。

1. 重复练习法

重复练习法是指在不改变动作结构和练习条件下反复做一个练习的方法。如反复做某一节操或某一个游戏。它是幼儿园普遍使用的比较简便的方法。使用此练习法，应根据教材特点和幼儿体力以及心理特点确定重复次数，注意突出教学重点。

2. 变化练习法

变化练习法是指变化动作结构和练习条件的方法。如改变动作的要素、动作的形式或组合,练习的环境、器材的高度和器材的重量等。这种方法的优点是能较好地激发练习兴趣,巩固与发展动作,提高运动能力。在运用时应注意:所变换的条件、环境、器材等,必须符合幼儿的实际情况和项目特点,必须有利于教学任务的完成,而不应无限地、盲目地改变环境,增加条件和加大难度,所变化的条件,应是大多数幼儿通过努力能够完成的。

3. 条件练习法

这种练习法是变化练习法的一种,它是设置一定的具体条件,要求幼儿按规定的条件做动作。如向上跳摸物,有一定高度的物就是“条件”。这种练习法有三个优点。第一,使幼儿感兴趣。原地双脚向上跳动作比较单调乏味,挂上花皮球、小铃铛、色彩鲜艳的画片,幼儿就会兴致勃勃地跳起触摸。第二,把抽象的要求具体化。如投沙包要有一定出手角度。这个抽象的要求幼儿是不能理解的,如果在投掷线前面挂起一根有一定高度的绳子,要求幼儿投沙包时,要使沙包从绳子上边飞过,这就是把抽象要求具体化了,幼儿容易理解也易做到。第三,便于掌握正确动作和提高运动能力。如为了让幼儿掌握立定跳远起跳时的摆臂动作,可以让幼儿跳起触摸身前的物体。设置的条件要符合幼儿的能力和动作规格要求,并能引起幼儿的兴趣。

4. 完整练习法和分解练习法

完整练习法是根据教材完整地进行练习的方法,分解练习法是把完整的教材分解成几个部分,按部分逐次地进行练习,最后再组合成完整的动作进行练习的方法。完整练习法的优点是能使幼儿完整地掌握教材,它一般用于掌握较容易的动作或游戏和复习教材时,它的缺点是不易于掌握教材中较困难的部分或较复杂的教材。如学习投沙包和“人、枪、虎”等较复杂的教材时,用完整练习法就浪费时间,效果还不理想。分解法的优点是把复杂的教材简单化,使幼儿较易掌握,能较好地保证掌握教材的质量。一般用于较难的教材和改进较薄弱的环节,或强化重点环节。在幼儿体育教学中分解法不常用。在使用这种方法时要十分注意,分解动作时不要破坏教材的完整性。要注意把分解练习法和完整练习法结合运用。

(四)游戏法与比赛法

游戏法是通过游戏的方式,在规则许可的范围内,充分发挥个人的主动性和创造性,以达到教学目的的一种方法。在幼儿园体育教学中,游戏法是最常用、最有效的一种方法。它突出的优点是能引起幼儿浓厚的兴趣,产生强烈的练习欲望,提高教学的效果。

比赛法是在规定的比赛条件下,充分发挥已掌握的各种动作,互相竞赛以决胜负的一种方法。它和游戏法有着密切联系,主要区别在于比赛法具有更严格的规则和"竞争"因素。参赛者情绪高涨,对体能要求较高。所以,比赛法一般在中、大班采用。

运用这两种方法时应注意目的明确、要求具体、教育及时、发展智力和培养能力,控制运动负荷,严格规则,讲评公正。

(五)口头指示和具体帮助法

口头指示是指在幼儿练习时,教师用简明明确的语言提示和指导幼儿活动的方法。如幼儿排队走步时教师提醒幼儿"挺胸、抬头""迈大步",练习跳远时教师提示"摆臂""腿蹬直"等。它的优点是明确、具体、及时和针对性强。它不仅用于指导做动作和组织教学,而且还用于品德和安全教育。用语言指示时,必须简单明确、要求具体,所用语言应是幼儿懂得和熟悉的,声音要有感情和鼓动性。声音不要太大和太突然,以免惊吓幼儿,影响教学。在提示幼儿遵守纪律和纠正不正确行为时,不准用训斥、埋怨和恐吓的语言和口吻。

具体帮助法是指教师直接、具体地帮助幼儿掌握动作的方法。它多是用于个别指导时。如幼儿初练踏"石"过"河"时教师就可一只手帮助他"踏石",以便保持平衡和掌握动作节奏,同时还可给予语言信号"嗒、嗒、嗒"。用具体帮助法时首先应注意要顺其用力方向给予助力,其次要注意教师站的位置和给予助力的身体部位,最后助力大小要适当。

第三节 学前儿童体育活动的实施

一、学前儿童体育活动的组织类型

幼儿园体育活动是通过许多不同的组织类型来进行的,是实现学前儿童体育教育目标的基本途径。幼儿园的体育活动组织形式主要有早操、晨练活动、集体体育教学活动、户外活动、其他室内活动、远足等。

(一)晨练活动和早操活动

晨练活动和早操活动是儿童一日生活的开始部分,是在幼儿教师的组织引导下进行的专门性的身体锻炼活动。一般来讲,晨练活动位于早操前,主要是通过散步、排队和队形变换、体育律动和体育游戏来实现的,而后进行的是比较正规的集体早操活动,早操活动以简单的徒手操或者轻器械体操为主。

1. 晨练和早操活动的内容

(1)晨练活动

晨练活动一般主要进行三个方面的活动:集体的负荷量不太大的体育游戏;集体的走、跑或者走、跑交替练习;自由或分组的小型器械活动。

(2)早操活动

早操活动主要有三个环节:排队和队列练习;集体的模仿操、徒手体操或轻器械体操;简单的体育律动。

2. 晨练和早操活动的组织及指导建议

(1)幼儿园的晨练活动一般控制在20—30分钟内,早操活动时间一般在15分钟内,在活动量安排上要循序渐进,负荷量要从小到中等,再由中等到小。

(2)根据季节的变化,冬季晨练和早操时间可以适当推后,在室外活动前可以先在室内做暖身,及时添加衣物后再到户外进行活动。

(3)队列队形变化要简单易行,避免小学化和成人化,不要过度强调队形的变换练习。

(4)学前儿童早操内容的选择要面向全体儿童,能使全体儿童在短时间内掌握就可以,而且要配以欢快的音乐,要注意音响的清晰度和音量的适中。

(5)在遇到恶劣天气时,可以安排儿童在室内进行晨练和早操活动。

(二)户外体育活动

《3—6 岁儿童学习与发展指南》(以下简称《指南》)中指出幼儿每天的户外活动时间不少于 2 个小时,其中体育活动时间不少于 1 个小时,季节交替时要坚持。气温过热或过冷的季节或地区应因地制宜,选择温度适当的时间段开展户外活动,也可根据气温的变化和幼儿的个体差异,适当减少活动的时间。

户外体育活动主要进行比较自主、自由的体育活动,幼儿教师在活动过程中起到直接或者间接指导的作用,是对相对限定性比较强的晨练和早操活动的一个延伸和补充,更好地满足不同儿童的需要。户外体育活动不同于集体体育活动,而是指非正规的、非结构化的儿童体育活动,在时间安排和活动安排上相对灵活和宽泛。

1. 户外体育活动的内容

(1)各种大、中、小型运动器械活动

随着社会和经济的快速发展,幼儿园配备的运动器械类型、数量较之以前都有了很大进步,幼儿户外体育活动时可选择的余地更大。大型运动器械如攀岩墙、攀登墙、滑梯、平衡木等;中型运动器械如独轮车、自行车、高路、羊角球等;小型器械如自制的球、圈、纸棒、沙包等。

(2)利用环境和大型设施的户外体育活动

随着幼儿园环境创设的不断发展,幼儿园利用环境和大型设施的活动越来越丰富,利用的环境和大型设施可以有楼梯、游泳池、假山、田埂、土坡、树林等,有的幼儿园还在空余的长堤上埋上树桩或者废旧轮胎等让幼儿练习平衡。

(3)体育游戏

在户外活动时,由于场地、器械数量限制等原因,有时需要幼儿教师与幼儿进行特定的体育游戏,例如:“老狼老狼几点了”“吹泡泡”“狡猾的狐狸”等。这些游戏可以由幼儿教师传授,也可以由儿童自己“发明”,如“跳小房子”。还可以利用一些自制的玩具和教具开展体育活动,如利用废旧报纸制作的纸球、纸棒,利用废弃饮料罐制作的用于发展平衡或者跳跃能力的障碍物等。

(4)幼儿体操

户外活动时间一般会组织三个年龄段的幼儿集体做操,主要是以徒手操、模仿操或者轻器械体操为主。

2. 户外体育活动的组织

(1)户外体育活动的时间

根据学前儿童的年龄特点以及生理和心理方面的特点,我国大部分幼儿园一般安排上午、下午各一次户外体育活动,上午一般安排在9:30—10:30,下午一般安排在14:30—15:30。户外活动时间根据地区和季节的差异可以进行时间上的调整。

(2)户外体育活动的场地

我国大部分幼儿园尤其是城市幼儿园能够用于户外活动的场地有限,多数幼儿园一般会采用按照班龄交叉使用场地的方式使有限的场地得到充分利用。这种形式要求各年龄班在事先划分好的场地内进行活动,并按照之前约定好的时间进行自觉流动。目前也有的幼儿园打破了这种按年龄班划分场地的方式进行混龄教育,将活动区域划分为球类活动区、投掷区、钻爬区、攀爬区等,儿童可以进行自由选择,每个区有一名到两名幼儿教师进行必要的指导和保护。

3. 户外体育活动的指导建议

(1)尊重儿童的自主性,让儿童根据自己的兴趣、爱好和运动水平自主选择运动项目和器材,引导和帮助儿童在活动中学会选择和与人交往。

(2)要注意废旧利用,即使用自制的玩教具激发幼儿的体育活动兴趣,也鼓励幼儿不断发明新的运动形式或者将从幼儿园外获得的运动形式分享出来。

(3)高度重视儿童的安全,及时排除安全隐患。要经常清扫和检查户外体育活动场地,对户外活动器械进行定期的检查与维护。对儿童进行必要的指导和引导,指导儿童学会器械的使用方法,引导儿童与同伴交往,并对儿童的活动量进行监督和调控。

(三)集体体育教学活动

集体体育教育活动是指幼儿在教师有目的、有计划的指导下,发展基本动作技能、增强体质,学习运动技能,培养品德、发展智能和形成个性特征的一个过程。一般幼儿集体体育教育活动的时间根据班龄不同有所调整,小班为15—20分钟、中班20—25分钟、大班30分钟左右。

1. 集体体育教学活动的结构

体育教学活动的组织与普通体育课的结构一样,均是由准备部分、基本部分和结束部分三部分组成。

(1)准备部分

准备部分又称开始部分,主要任务是将儿童组织起来,通过一些律动或者徒手操的练习使得儿童从生理和心理上都做好参与体育活动的准备。该部分时间不宜太长,一般占整个集体体育教学活动的10%—20%。

(2)基本部分

基本部分主要任务在于完成本次教育活动的主要教育和教学任务,通过一定的动作练习发展幼儿某方面的运动技能,提高幼儿身体素质,并通过进行集体教育培养幼儿遵守规则、合作乐群的优良品质。

该部分内容主要包含新授课和巩固复习课,一般新授课要放在儿童注意力集中、情绪饱满和体力充沛的时间进行,位于课的前半部分;巩固复习课或者活动量较大的活动一般位于新授课的后面。基本部分的时间一般占整个集体体育教学活动的70%—80%。

(3)结束部分

结束部分又称放松整理部分,主要是通过一些放松身体的舒缓律动或徒手操来缓解幼儿身心高度兴奋或紧张的状态。此外,幼儿教师要在本环节对于整个教育活动中儿童的表现进行简单的小结,激发幼儿参与下次活动的欲望。结束部分占总体教育活动时间的10%。

2. 集体体育教学活动的指导建议

(1)集体体育教学活动的活动量应由小到大,再逐渐减小,要合理安排运动负荷和强度,避免儿童疲劳。

(2)要注意儿童身体的全面发展,体育活动时要对游戏进行综合规划,让儿童的上下肢活动衔接起来,促进儿童身体的全面发展。例如在安排跑的练习时,尽量不要再选择跳跃的练习,因为二者都属于腿部的练习,可以适当选择投球、拍球等上肢动作。

(3)要树立"大体育"意识,在加强儿童身体练习的同时,还要注重对儿童认知、情感、个性和社会适应性发展的教育,促进儿童全面、和谐地成长。

(4)要做好区别对待,儿童的身体发育和运动水平有差别,要注意到个体差异,在体育教学活动中要有针对性地设计教学活动,力争让所有儿童都能在自己的原有水平上有所提高。

(5)要根据气候、季节的变化灵活实施集体体育教学活动。如:在冬季可以适当增加一些奔跑和跳跃的练习;在夏天天气炎热时可以选择一些诸如钻、平衡、投掷等强度相对较小的练习。

3. 组织学前儿童体育教学活动应遵循的原则和规律

幼儿园体育作为学前儿童全面发展教育的一个重要组成部分,能通过身体练习增强儿童体质,并直接或者间接地达到促进学前儿童全面发展的作用。幼儿园体育教学活动只有按照特定的原则、遵循体育教学的科学规律,才能更有效地提高教育效果。

(1)学前儿童体育教学活动应遵循的原则

①身体全面协调发展原则

身体全面协调发展原则是指学前儿童体育活动应该使儿童身体各部位、各器官系统的机能以及各种基本身体素质和基本活动能力都得到全面、协调的发展;在增进身体健康的同时还要促进儿童在认知、情感、态度、社会性和个性等方面的良好发展。贯彻这一原则时要做到以下三点。

利用游戏的形式组织学前儿童进行各类动作练习和器械练习,重视儿童身体素质的提高。

在选择体育教学活动内容时要避免成人化和小学化,注意选择游戏内容的丰富性和灵活性,使儿童身体得到全面锻炼。如在教授投掷基本动作时,可以结合跑、跳等基本动作。

在强化上肢训练的同时注意学前儿童下肢力量的发展,从而促进身体的全面发展。在制订学前儿童体育教学计划时应考虑幼儿各项体育活动内容和教材的相互搭配和有机结合,考虑多种形式和方法的灵活运用与综合利用。

②经常性原则

经常性原则是指学前儿童的体育活动应该合理地安排在其每日的生活之

中,保持体育活动的连续性。在贯彻该原则时要做到以下两点。

根据《指南》和《纲要》中的要求,保障儿童每日户外活动的时间不少于2小时。学前儿童只有每天都坚持参加体育活动,才能促进身体的生长发育、促进身体各器官和机能的协调发展、促进儿童心理和社会性的健康发展。

注意儿童一日生活中的动静结合。科学研究表明,运动不足,会影响儿童正常的身体生长发育,而且如果安静的活动太多的话,会造成神经细胞的疲劳,而另一方面如果儿童运动过量的话,也会引起学前儿童身体的疲劳,影响生长发育。因此科学的一日生活要求学前儿童要经常性地参加体育活动,而且注意活动中的动静结合。

③适宜负荷原则

适宜负荷原则是指在组织学前儿童体育活动时,教师要合理安排儿童的活动内容和时间,使得学前儿童运动的负荷量和强度适宜,以达到最佳锻炼效果,促进学前儿童身心全面发展。因为运动训练学上已经证明只有科学、适宜的活动负荷才能促进人体机能的良性发展,过小的运动负荷起不到锻炼身体的作用,而过度的负荷则会引起人体机能的劣变。在贯彻该原则时需注意以下几点。

正确处理好负荷量和负荷强度的关系。负荷量主要是指身体进行运动的次数、距离和数量等,通常根据练习的重复次数、活动的时间长短来确定负荷量。而负荷强度则是指人体完成身体运动所用力量的大小和身体紧张的程度,在幼儿园经常采用的强度是根据幼儿运动结束后的即刻心率来测算的,如幼儿在跑的游戏结束后心率达到180次/分,而在进行耐力跑后幼儿的心率达到130次/分,这表明前者的运动强度要明显高于后者。一般来说在幼儿园体育活动的负荷量大时则负荷强度相对较小,反之亦然。

学前儿童体育活动时活动量要由小到大,再由大到小,活动前后幼儿的心率变化幅度在50次范围内。

在体育教学活动组织时,幼儿教师要处理好教授基本动作和幼儿活动时间的关系,教师要精讲多练,减少幼儿排队和等待的时间。此外,教师还应做到区别对待,照顾到每个幼儿的差异,灵活地安排活动量。

幼儿教师可以利用心率指标来监控体育教学活动,判断运动负荷是否适宜、合理。一般在幼儿园的体育活动中,幼儿的心率维持在130—170次,在运动后3—5分钟学前儿童的心率能恢复到正常心率,表明活动的运动负荷和强度适宜。

④多样性原则。

多样性原则是指幼儿体育活动的内容、形式和方法应该丰富多彩。贯彻这一原则时应注意以下几点。

学前儿童体育活动的内容要包括幼儿体操、基本动作练习、体育游戏、器械活动以及各种创造性身体活动等。

学前儿童体育活动的形式要包括早操、户外体育活动、室内体育活动、远足、运动会、三浴锻炼、民族民间体育活动以及各种利用环境的活动。

学前儿童体育活动的指导方法也应多样化，包括语言指导法、讲解示范法、游戏法和探究法等。

(2)学前儿童体育活动应遵循的基本规律

学前儿童体育活动要充分考虑到人体在运动过程中的基本规律，而且根据这些规律组织和设计好，这样的幼儿体育活动才是安全和科学的。

①人体生理机能的变化规律

人体在运动过程中，生理机能也是不断变化的，一般分为上升、稳定和下降三个阶段。在上升阶段，由于条件反射，在运动开始前幼儿就开始精神振奋、心跳加快，体内的器官机能也在悄悄发生变化，通过体育活动的准备活动，其内脏器官的惰性得到克服，神经活动变得兴奋，活动能力得以提高。在平稳阶段，当运动器官的机能达到较高水平时，幼儿的身体活动效率较高且得以维持，学习动作的效果好，能适应较激烈的体育比赛。因此，难度较大、运动强度较高的一些体育练习或者比赛均安排在此阶段。在下降阶段，随着体育活动接近尾声，幼儿由于身体疲劳、体内能量物质消耗等因素，活动能力开始下降，结合幼儿教师准备的放松整理活动，幼儿的各器官的机能稳步下降，直到运动结束后3—5分钟心率恢复到运动前水平。“上升—稳定—下降”是人体在体育活动中的客观规律，学前儿童体育教学也要遵循这个规律，科学、合理地安排教学活动，提高教学的效能。

②动作技能形成规律

动作技能也称为运动技能，其形成是一个符合建立、形成、巩固和发展的阶段性变化规律的，由简单到复杂的过程。动作技能的形成，通常要经历三个相互联系的阶段。

粗略掌握动作阶段。此阶段儿童对于动作有了初步的印象，在完成动作时表现比较紧张,动作不协调、不准确,缺乏灵活的控制能力,多余动作较多。因此在儿童学习动作技能的初期,幼儿教师要把握住主要环节动作的示范和讲解,使儿童有一个初步的知觉和印象,多让儿童练习,多给儿童体验和实践的机会。

改进和提高动作阶段。由于动作技能的强化和练习的增多,儿童的紧张动作或者多余动作减少,对于身体的控制力明显有所增强,能较顺利、正确地完成动作,逐步在头脑中形成正确的动作概念。在此阶段,儿童的动作还不够稳定,如果遇到新异刺激或者活动条件的变化,容易出现动作变形的现象,原有的错误动作也有可能出现。因此在此阶段,幼儿教师要多强调动作的细节,注意纠正儿童的错误动作,让儿童体会动作的细节,促进分化抑制的进一步发展,使动作更加准确。

动作巩固和运用自如阶段。在经常、反复练习的基础上,儿童的动作会更加准确、熟练和协调,同时还能较省力地完成动作。动作的概念已经明确,大脑皮质的兴奋和抑制趋于合理,有时甚至不需要有意识地加以控制也能顺利、正确地完成动作。在这一阶段,幼儿教师要注意巩固和发展幼儿的动作技能,可以进一步变化条件和环境,使学前儿童在新的条件下自如地运用动作技能。动作技能形成的三个阶段是有机联系在一起的,各个阶段之间没有明显的界限,是逐步过渡、发展的。

(四)室内体育活动

室内体育活动是在室内开展的各种形式的体育活动的总称,是对户外体育活动的一个补充。当气候不利于在户外进行体育活动时,尤其是空气污染比较严重时,室内体育活动就成为锻炼幼儿身体的一种有效的形式。有条件的幼儿园可以开设专门的体育活动室,设置室内攀岩墙、舞蹈房或体操房等。

1. 室内体育活动的意义

在气候不利于户外活动时,保障儿童每天不少于1小时的体育活动。是对于户外体育活动的形式和内容的补充,有的体育活动在室内进行会更好一些,如幼儿基本体操的训练,感觉统合训练中的一些专门的器材训练等。

2. 室内体育活动的内容

(1)室内的中大型运动器械,如攀登架、蹦蹦床、充气城堡等。

(2)室内中小型器材,如走平衡板、跳绳、垫上滚翻等。

(3)借助于室内椅子、桌子进行的钻、爬活动。

(4)室内的表现性和创造性的活动,例如体育律动,根据音乐体会各种形式的爬、滚等动作。

3. 室内体育活动组织及指导建议

在选择活动教室时,要考虑场地的大小和儿童人数的合理比例,避免拥挤而不利于体育活动的开展。要在学期开始前就及时做好室内体育活动的计划,以便于遇到特殊天气时教师能够及时应对。充分利用幼儿园教室、走廊以及特殊教室,开辟好体育活动场所,投放一定数量的运动器械以满足于室内体育教学活动。要注意培养儿童良好的体育活动习惯,保证室内体育活动有序、有效地开展。可以发动幼儿布置和整理场地、器材,发挥幼儿的主体作用和创造性。要重视活动中的安全与卫生。由于室内环境有限,要注意开窗通风并提醒儿童注意观察周围的环境,避免碰到桌椅而受伤。

(五)其他体育活动

除了上述体育活动外,幼儿园体育活动还有许多,如远足、运动会、亲子体育游戏、短途旅游、劳动以及集体舞等。这些体育活动极大地丰富了儿童的体育活动需要,提高了儿童的运动兴趣。

1. 远足活动

《纲要》中指出:幼儿园应与家庭、社区紧密合作,综合利用各种教育资源,即充分利用自然环境和社区的教育资源,扩展儿童生活和学习的空间。目前我国部分省市的幼儿园正逐渐开展远足活动,让儿童走出幼儿园,到社会中去开阔视野,去学习知识和经验,逐步学会适应社会和生活。

远足活动存在一定的安全隐患,因此在实施远足教育时要根据幼儿的身心特点,设计好远足的路线,采取循序渐进的原则进行活动设计;活动地点的选择以及路途应充分考虑到幼儿的安全,在活动前应做好全面的准备,同时在活动中幼儿教师要做好幼儿的管理工作,培养幼儿良好的组织纪律性。

2. 运动会

幼儿园运动会的内容一般包括体操表演、体育竞赛和区域活动三种类型,而且不仅儿童参与，幼儿教师、家长也可以参与其中，与儿童进行良好的互动。幼儿园运动会的时间一般安排在春季或者秋季进行。幼儿园运动会相对而言还是比较复杂的一项体育活动，因此在组织时要注意以下几点。

(1)运动会要面向全体幼儿，人人参与，重在娱乐、健身健心。

(2)运动会上体育活动的内容难度要适中，要贯穿于平常的教学活动中，是对教学的一个补充和检验，减少因排练而付出的时间和精力。

(3)运动会体育活动的项目要注意集体项目和个人项目的结合。

(4)要控制好运动会的各个环节，内容不要过多，控制在两个小时内，时间不宜过长。

(5)运动会前要及时和家长进行沟通，得到家长的支持和配合是很有必要的，要让家长了解和关心幼儿在体育活动中的表现。

(6)注意运动会的安全和幼儿的卫生保健工作，保健医要做好防范意外的准备。

3. 亲子体育活动

亲子体育游戏是在幼儿园教师的指导、帮助和家长的积极配合、支持下开展的生动有趣的体育活动。亲子体育游戏在促进幼儿生长发育的同时，进一步促进了家庭成员之间的情感交流，这对于健全幼儿人格，优化幼儿的人际交往都有着比较现实的意义。

对于亲子体育游戏，建议有条件的幼儿园要经常开展，幼儿园要调动家长积极参与到运动游戏中来。幼儿教师可以在游戏进行前和家长进行有效的沟通并及时进行指导和帮助，在游戏中要提醒家长注意培养幼儿的集体意识和良好的人际交往能力。

二、学前儿童体育活动的设计

《纲要》中明确指出：“幼儿园的教育活动，是教师以多种形式有目的、有计划地引导幼儿生动、活泼、主动活动的教育过程。”因此，设计幼儿园各项体育活动是幼儿教师必须具备的基本技能和能力，幼儿教师只有掌握了体育活动设计的基本原理、原则和方法，才能满足职业的需要。

(一)幼儿园体育活动设计前的准备工作

只有根据学前儿童健康领域的目标,科学、合理地设计出符合学前儿童各年龄段特点的体育活动才能不断地提高学前儿童体育活动的质量和效果。为此在设计体育活动前,要做好以下备课工作。

1. 了解儿童

幼儿教师要深入了解教育对象的年龄、体质、兴趣、体能状况等方面的现状和水平,明确在每个年龄段要达到的教育目的,借此选择有利于促进儿童身心和谐发展的教育内容、形式和方法。

2. 明确目标

幼儿教师在了解幼儿、明确教育目的后,要根据儿童的实际情况确定不同年龄段、不同学期以及每周活动所要达到的目标,并结合幼儿园的实际条件,有针对性地选择和设计体育教学活动。

3. 细化活动内容

体育活动的内容可以以各种形式进行练习,但不同的活动内容,其侧重点也有所不同,为此幼儿园教师要充分考虑教育内容的选择。例如:在体育教学活动中一般安排2—3个基本动作练习,以教学、指导新内容和巩固复习已学内容为主;在户外体育活动中,就可以安排各种不同的内容,既可以是集体活动,也可以是分组活动。

(二)幼儿园体育活动的具体设计

幼儿园体育活动的设计根据不同的时间段划分,可以分为幼儿园学年体育工作计划、幼儿园学期体育工作计划、幼儿园月工作计划、幼儿园周工作计划以及单次体育教学。本节主要解决单次体育活动设计的问题。

1. 幼儿园体育教学活动设计的格式

目前幼儿教师普遍采用的体育教学活动设计格式主要有两种:表格式和文字叙述式。

(1)表格式教学设计的特点和案例

表格式教案的优点在于能把教案的整体结构罗列清楚,划分明确,凸显教师的主导作用与幼儿的主体作用(见表6－4和表6－5)。

表6－4　表格式体育教学活动设计(1)

<table>
<tr><td>日期</td><td colspan="2"></td><td>幼儿教师</td><td></td></tr>
<tr><td>班级</td><td colspan="2"></td><td>儿童人数</td><td></td></tr>
<tr><td>教学目标</td><td colspan="2"></td><td></td><td></td></tr>
<tr><td rowspan="2">教学内容</td><td colspan="4">教学重点</td></tr>
<tr><td colspan="4">复习</td></tr>
<tr><td rowspan="4">教学组织</td><td>准备部分</td><td></td><td colspan="2" rowspan="3">场地布置</td></tr>
<tr><td rowspan="2">基本部分</td><td>重点指导部分</td></tr>
<tr><td>巩固复习</td></tr>
<tr><td>结束部分</td><td></td><td></td><td></td></tr>
<tr><td>观察分析</td><td colspan="4"></td></tr>
</table>

表6－5　表格式体育教学活动设计(2)

<table>
<tr><td colspan="2">任课老师:</td><td>时间</td><td>第　周　第　节</td><td>日期:</td></tr>
<tr><td colspan="2">教学内容</td><td colspan="2">课的内容</td><td>组织与要求</td></tr>
<tr><td colspan="2">教学任务</td><td colspan="2"></td><td></td></tr>
<tr><td colspan="2">教学目标</td><td colspan="2"></td><td></td></tr>
<tr><td colspan="2">活动准备</td><td colspan="2"></td><td></td></tr>
<tr><td colspan="2">活动重点</td><td colspan="2"></td><td></td></tr>
<tr><td>基本部分</td><td></td><td colspan="2"></td><td></td></tr>
</table>

续表

任课老师:		时间	第　周　第　节	日期:
结束部分				
教学反思				

(2)文字叙述式教学设计特点和案例

文字叙述式教案一般是按上课的顺序依次书写,比较容易,但不如表格式教案一目了然。

案例分析

巧玩报纸(大班)

活动目标

1. 能自由结伴玩报纸,体验集体活动创造的快乐。

2. 在报纸上探索各种玩法。掌握跑、钻等技能,发展动作的灵活性和协调性。

活动准备

旧报纸若干;音乐。

活动过程

一、热身运动

儿歌:请你像我这样做！一二三,点点头;一二三,拍拍肩;一二三,扭扭腰;一二三,蹲一蹲;一二三,踢踢腿;一二三,蹦蹦跳。

二、引入活动

1. 教师提出问题。

报纸有什么用处？

报纸可以怎样玩？例：折飞机、装扮。

2. 幼儿自由探索玩法。

三、结伴游戏

（一）神奇小报纸

1. 教师示范并提问。

小朋友们看老师的小报纸神奇不神奇啊？

那你们想不想让自己手中的报纸也神奇起来啊？

2. 教师指导幼儿学习这种神奇的方法，幼儿对这个方法基本掌握之后，教师组织比赛。

将幼儿分成两组，人数一样多。采用跑的形式手推报纸进行两个小组之间的比赛，比赛时要听教师口令，听到口令开始比赛。最后一名幼儿先跑回起点的组获胜。

（二）钻山洞

将幼儿两两分组，每对幼儿拿一张报纸。一人拿一边，幼儿排成纵队。两人拿报纸举起。排在第一的一对幼儿从报纸下钻过，到队尾继续把山洞搭起来，第二对幼儿以此类推。

四、游戏结束

在优美的音乐声中回到班级。

【案例来源】幼儿园快乐与发展课程编写组，幼儿园快乐与发展课程教师指导用书：大班[M]. 北京：北京师范大学出版社，2009.

2. 幼儿园体育教学活动设计流程以及注意事项

幼儿园体育教学活动设计流程及注意事项如图 6－1 所示。

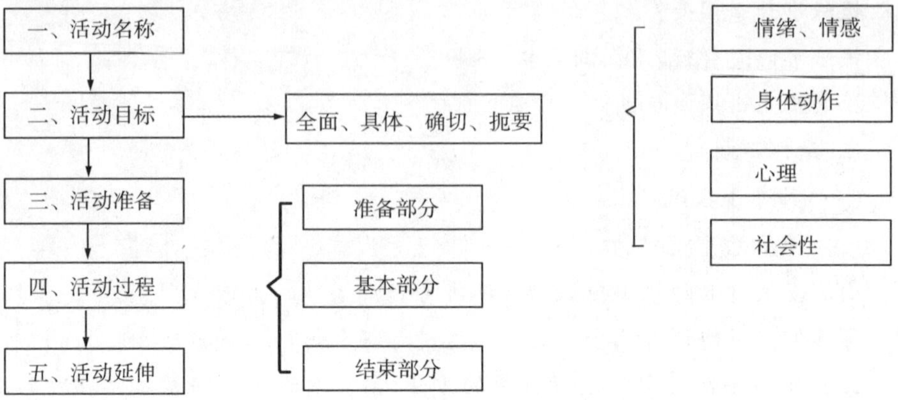

图6－1　幼儿园体育教学活动设计流程及注意事项

在进行儿童体育教学活动设计时的注意事项如下。

(1)制订体育教学活动目标时要做到全面、具体、确切、扼要。一般教学目标要包含四个维度,即情绪情感、动作技能和身体发展、心理以及社会性。有的教师在制定目标时往往只关注了身体和动作技能发展方面的目标而忽略了其他目标。例如活动“小青蛙跳荷叶”(中班)的目标:通过游戏进行双脚跳的练习,发展儿童动作的协调性。在这个案例中仅有动作及身体发展方面的目标,而忽视了其他方面的目标,而且该教案制定目标时动作发展定义也不准确,就双脚跳这个动作可以分为双脚向上、向前跳,直线两侧双脚行进跳等。

(2)体育教学活动的设计要突出1—2个重点教授的基本动作,在整个教学活动设计中涉及的基本动作不要太多,要控制在3—4个以内。例如在大班体育教学活动“猫捉老鼠”中所涉及的动作练习多,容易导致失去重点,在其目标中提到:通过进行猫捉老鼠的游戏,进一步发展幼儿走、跑、跳、钻、平衡等动作技能和能力,提高动作的灵敏性、协调性和稳定性;初步学习“肩上挥臂投掷”的动作技能。

案例分析

兔宝宝学本领(小班)

活动目标

1. 喜欢参加游戏活动,感受跳跃游戏带来的快乐。
2. 练习双脚连续跳,发展下肢力量。
3. 在游戏过程中形成初步的规则意识。

活动重难点

重点:练习幼儿双脚连续跳,发展下肢力量。

难点:在游戏过程中养成良好的规则意识,感受跳跃游戏带来的快乐。

活动准备

经验准备:幼儿玩过双脚跳的游戏活动。

物质准备:萝卜、兔子头饰、兔子舞音乐、纸板、绳子;长方体的酸奶盒、体操圈(也可以用其他材料代替)。

活动过程

一、开始部分:活动身体各个关节,做好活动前准备。

儿歌:

今天天气真正好,小兔子们来做操;

小手举起来,摆一摆,摆一摆;

手放肩上,转一转,转一转;

小手叉好腰,扭一扭,扭一扭;

小手摸膝盖,转一转,转一转;

脚抬起来,踏踏踏,踏踏踏。

二、基本部分

(一)音乐活动:用“兔子舞”引导幼儿跟随音乐有节奏地跳。

(二)游戏:兔宝宝学本领。

1. 角色扮演

教师做兔妈妈,幼儿做兔宝宝,并戴上头饰。教师示范游戏的动作,讲解游戏的规则。

2. 选择小路

教师请幼儿说一说,在我们的面前,都有什么样的小路,你想从哪一条小路双脚跳到对面去。

(1)幼儿自由选择小路,站在路端的标志线前。

(2)幼儿在跳跃过程中,放音乐《兔子舞》。

3. 体验跳不同的小路

幼儿:幼儿充分进行尝试和体验,感受在不同小路上跳跃的快乐。

教师:注意观察幼儿双脚跳跃的动作是否规范,为下一步活动做好准备。

第一次游戏后,教师示范幼儿的动作,请幼儿说一说哪一种是正确的。

4. 运萝卜

教师:“孩子们,我们跳了这么长的时间,跳那么长的路,我们该吃点东西了,我们一起去前面的地里拔萝卜吧。”

教师和幼儿一起双脚跳到场地一端。捡起地上的萝卜,请幼儿相互比较,互相说说萝卜的大小,粗细。

教师:“孩子们,想一想,我们把萝卜带回家用什么方法?今天我们就用双腿把萝卜夹回家。”

教师示范双腿夹住萝卜的动作,跳一跳。幼儿模仿老师一起做。

教师:“怎样跳萝卜不会掉下来?”幼儿在原地体验双腿夹物跳。

运萝卜回家,放音乐《兔子舞》,教师和幼儿一起把萝卜放在两腿之间跳跃回到活动开始的场地。

三、结束部分

1. 教师肯定幼儿在活动中的表现及成功,让幼儿感受到游戏带来的快乐。

2. 幼儿听音乐做一些自由的放松动作。

好玩的百变条(中班)

活动目标

1. 用百变条进行多种游戏,激发幼儿参加体育运动的兴趣。

2. 通过练习跳跃动作来锻炼幼儿双脚跳的基本技能,发展幼儿下肢肌肉力量,增强幼儿身体协调性及灵敏性。

活动重难点

重点:通过双脚连续跳锻炼幼儿的跳跃能力。

难点:使中班幼儿在双脚连续跳时脚下节奏与上肢摆臂达到一致,动作流畅。

活动准备

经验准备:幼儿在小班时已有双脚连续跳的练习经历。

物质准备:百变条若干,塑胶场地。

活动过程

一、热身活动

1. 游戏“大森林冒险”。幼儿和教师一起集体做热身活动,为活动做准备。

“大森林冒险”玩法介绍:所有幼儿围成一个圆圈齐步走,根据教师提出的口令来做出相应的反应。例如:老虎来了——跑步前进、蛇来了——双脚连续跳前进、老鹰来了——迅速蹲下抱住头、老鼠来了——高抬腿前进等。通过一系列热身动作来达到使幼儿进入体育活动状态的目的。

2. 介绍玩具名称,引出本次活动主题。

二、活动过程

1. 游戏:“好玩的百变条”。引导幼儿熟悉材料并探究玩法,练习跳的动作,发展幼儿腿部力量及身体的协调性。

(1)每个幼儿有序地自取一根百变条,探究百变条的玩法。教师提出安全要求。

(2)集中幼儿,组织幼儿进行分享交流:百变条可以怎么玩?并请个别幼儿进行展示。

2. 游戏:“松鼠快跳”。练习双脚连续跳的动作,发展幼儿腿部力量及身体的协调性。

(1)玩法介绍:幼儿把百变条用腿夹住扮作松鼠长长的尾巴,然后以双脚跳形式前进。

(2)幼儿体验玩法,掌握游戏规则。

(3)“松鼠快跳”,幼儿尝试快速双脚连续跳,发展腿部肌肉力量。

3. 复习游戏:“电棒捉鱼”。锻炼幼儿反应能力以及跳跃能力,提高幼儿躲闪能力及身体的灵活性。

(1)玩法介绍:由一人充当捕鱼者手拿“电棒”去追捕鱼池中的“小鱼们”,被电到的“小鱼”应退出游戏。

(2)启发幼儿在游戏过程中如何闪躲“电棒”的攻击。

三、结束部分

放松游戏“我爱洗澡”,并作简单小结。

1. 教师带领幼儿模拟冲水环节放松全身,拍拍胳膊,抖抖腿。

2. 模拟涂沐浴露环节轻拍身体各个部位,做简单放松。

3. 模拟擦干水珠环节做全身肌肉放松。

玩轮胎(大班)

活动目标

1. 通过合作玩轮胎游戏,提高幼儿手臂和下肢的力量及平衡协调能力。

2. 培养幼儿与同伴合作的能力,体验帮助他人的快乐。

活动重难点

重点:合作抬轮胎跑。

难点:抬轮胎节奏的一致性。

活动准备

经验准备：在平时的体育活动中开展各种形式的合作游戏，幼儿已具备了一定的合作经验。

物质准备：轮胎若干。

活动过程

一、开始部分

引导幼儿对身体的各个关节进行热身，做好幼儿心理和身体的准备。

1. 场地布置：让幼儿摆放每个轮胎。

2. 热身跑：两路纵队变一路纵队跑、圆形跑、蛇形跑。

3. 教师带领幼儿充分活动各个关节。

二、基本部分

1. “洪水来了”站轮胎。通过进行站轮胎的游戏，培养幼儿的合作及平衡能力。

教师引导小朋友模仿各种动物在绿草地里围绕轮胎在跑步，跟着教师拍手的节奏，教师拍手停止就代表洪水来了，这时幼儿就迅速站在高地上(轮胎上)，规定一个轮胎只能站 2—4 个人，没能站在轮胎上的小朋友，在绿地里模仿游泳的样子。

2. “运物资”抬轮胎。通过进行合作抬轮胎的游戏，提高幼儿手臂和下肢的力量，培养幼儿与同伴合作的能力，体验帮助他人的快乐。

(1)教师导入：“洪水来了，今天我们要做小小的救援队，去给灾区的人民运送物资。你们敢不敢去?”

(2)探索运送物资的最好办法。方法是两个人抬一个轮胎从场地的一边运到另一边，讨论两人抬轮胎最安全、最快速的方法。

(3)练习两个人合作抬轮胎。

(4)4 人运 3 箱物资，7 人运 6 箱物资等。

小结：表扬小朋友与同伴合作完成任务以及他们不怕苦不怕累的品质。

三、结束部分

让幼儿身体得到放松，帮助幼儿尽快消除疲劳、恢复体力，使幼儿精神愉快。

1. 幼儿跟老师一起做放松运动,调整呼吸。

2. 师生共同回收运动器材。

思考与练习

1. 怎样组织和指导学前儿童体育活动?

2. 组织学前儿童体育活动时应注意哪些问题?

3. 收集小、中、大班体育游戏各一份,要求包括走、跑、跳、投掷、钻爬、攀登、平衡等内容。

4. 结合学前儿童的年龄特点设计一个中班或者大班体育的教学活动。

参考书目

[1]欧新明. 学前儿童健康教育[M]. 北京:教育科学出版社,2002.

[2]朱家雄. 学前儿童卫生学[M]. 上海:华东师范大学出版社,2006.

[3]顾荣芳. 学前儿童健康教育论[M]. 南京:江苏教育出版社,2011.

[4]文岩. 幼儿体操教程[M]. 北京:人民教育出版社,2012.

[5]叶平枝,徐宝良. 学前儿童健康教育与活动指导[M]. 长沙:湖南大学出版社,2015.

[6]张首文,文岩. 学前儿童健康教育[M]. 北京:清华大学出版社,2015.

[7]何淑艳,代军,包海英. 学前儿童健康教育[M]. 北京:北京理工大学出版社,2017.

[8]王丽萍,赵永利. 学前儿童健康教育(第二版)[M]. 南京:南京大学出版社,2018.

[9]高庆春. 学前儿童健康教育(第三版)[M]. 北京:高等教育出版社,2019.

[10]麦少美,孙树珍. 学前儿童健康教育(第三版)[M]. 上海:复旦大学出版社,2019.